Schüler-Lernkrimi
Französisch

Stadt im Dunkel

Une ville dans la nuit

Dorothee und Tiny dos Santos Domingos

Compact Verlag

Bisher sind in dieser Reihe erschienen:
- Compact Schüler-Lernkrimi Englisch, Französisch, Spanisch, Latein I + II
- Compact Schüler-Lernkrimi Deutsch: Grammatik, Aufsatz
- Compact Schüler-Lernkrimi Mathematik
- Compact Schüler-Lernkrimi Physik

In der Reihe Lernkrimi sind erschienen:
- Compact Lernkrimi Englisch, Französisch, Italienisch, Spanisch: Grundwortschatz, Aufbauwortschatz, Grammatik, Konversation
- Compact Lernkrimi Kurzkrimis Englisch, Französisch, Spanisch
- Compact Lernkrimi Englisch GB/US: Grammatik, Konversation
- Compact Lernkrimi Business English: Wortschatz, Konversation
- Compact Lernkrimi Deutsch: Grundwortschatz, Grammatik

In der Reihe Lernthriller sind erschienen:
- Compact Lernthriller Englisch: Grundwortschatz, Aufbauwortschatz, Grammatik, Konversation

In der Reihe Lernstory Mystery sind erschienen:
- Compact Lernstory Mystery Englisch: Grundwortschatz, Aufbauwortschatz

In der Reihe Lernkrimi History sind erschienen:
- Compact Lernkrimi English History: Grundwortschatz, Aufbauwortschatz, Grammatik, Konversation

In der Reihe Hörbuch Lernkrimi sind erschienen:
- Compact Hörbuch Lernkrimi Englisch: Mittleres Sprachniveau, Fortgeschrittene

Weitere Titel sind in Vorbereitung.

Chefredaktion: Dr. Angela Sendlinger
Redaktion: Gesa Füßle
Fachredaktion: Fiona Cain
Produktion: Wolfram Friedrich
Illustrationen: Sonja Heller
Titelillustration: Karl Knospe
Typographischer Entwurf: Maria Seidel
Umschlaggestaltung: Inga Koch

ISBN 978-3-8174-7613-8
7276133

Besuchen Sie uns im Internet: www.compactverlag.de, www.lernkrimi.de

Vorwort

Mit dem neuen, spannenden Compact Schüler-Lernkrimi könnt ihr eure Französischkenntnisse auf schnelle und einfache Weise vertiefen, auffrischen und überprüfen.
Die Freunde François, Elisabeth, Mathilde und Tobias erleichtern das Sprachtraining mit Action und Humor. Die vier und ihre spannenden Erlebnisse rund um ein mysteriöses Picasso-Gemälde stehen im Mittelpunkt einer zusammenhängenden Story.
Der Krimi wird auf jeder Seite durch abwechslungsreiche und kurzweilige Übungen ergänzt, die das Lernen unterhaltsam und spannend machen.
Prüfe dein Französisch in Lückentexten, Zuordnungs- und Übersetzungsaufgaben, in Buchstabenspielen und Kreuzworträtseln!
Dieses Sprachtraining im handlichen Format bietet mit 80 Übungen die ideale Trainingsmöglichkeit für zwischendurch. Schreibe die Lösungen einfach ins Buch!
Die richtigen Antworten sind in einem eigenen Lösungsteil zusammengefasst. Im Anhang steht außerdem ein Glossar, in dem die schwierigsten Wörter übersetzt sind. Diese sind im Text kursiv markiert.

Und nun kann die Spannung beginnen ...

Viel Spaß und Erfolg!

Inhalt

Story

Endlich Ferien! Tobias und Elisabeth fahren nach Frankreich, um ihren Urlaub bei der Familie Perrier am Meer zu verbringen. Gemeinsam mit deren Kindern Mathilde und François lassen sie es sich richtig gut gehen – beim Schnorcheln, Eis essen, Tanzen, …

Bis ein kleiner roter Fleck ihre Ferien richtig aufregend macht: Was stimmt nicht mit dem Gemälde im Picasso-Museum, auf dem Mathilde den merkwürdigen Fleck entdeckt? Die vier geraten auf abenteuerliche Spuren und bringen sich selbst durch ihre nächtlichen Nachforschungen in große Gefahr. Keiner weiß, dass sie ermitteln – bis bei ihren Nachforschungen etwas schief geht und die Polizei eingeschaltet werden muss. Ob sie gerettet werden und es trotz aller Widrigkeiten schaffen, das Geheimnis um das mysteriöse Picasso-Gemälde aufzuklären?

Une ville dans la nuit

Il y a beaucoup de monde à l'aéroport. Les gens courent dans tous les sens, regardent attentivement les tableaux d'affichage et poussent des chariots couverts de valises.
Tobias et sa petite sœur Elisabeth ont l'air un peu perdu dans cette foule en mouvement. Tobias est un jeune de seize ans, grand et maigre. Ses cheveux bruns cachent un peu son visage. Il porte une petite paire de lunettes. Son regard semble un peu fatigué.
L'avion avait une heure de retard en Allemagne et les voilà maintenant dans un grand aéroport du Sud de la France sans savoir où aller.
«Hé, Tobias, regarde là-bas! Il y a une dame qui nous fait signe. Ça doit être Madame Perrier. Elle ressemble tout à fait à la description que Maman nous a faite.»
Elisabeth a quatorze ans. C'est une fille dynamique qui ne reste jamais tranquille. Toute excitée, elle tire son frère par le bras. Comme il ne réagit pas assez vite, elle le lâche et disparaît dans la foule.
«Oh, elle est énervante. Où est-elle donc passée? Il faut toujours courir derrière elle! Tout pourrait être tellement génial. Enfin des vacances au soleil: pouvoir se relaxer toute la journée et ne faire que ce dont on a envie. Et en bonus: pas de parents! Tout serait parfait si seulement il n'y avait pas cette petite sœur énervante», se dit Tobias en essayant de la retrouver. Il regarde la vitrine des magasins de souvenirs, passe devant plusieurs cafés et s'arrête un instant devant un kiosque à journaux. Il *jette un coup d'œil sur* les titres du jour, on parle de terrorisme, de politique et de la découverte d'un faux Picasso dans un musée de Lyon. Soudain le visage tout souriant de sa sœur réapparaît devant lui.

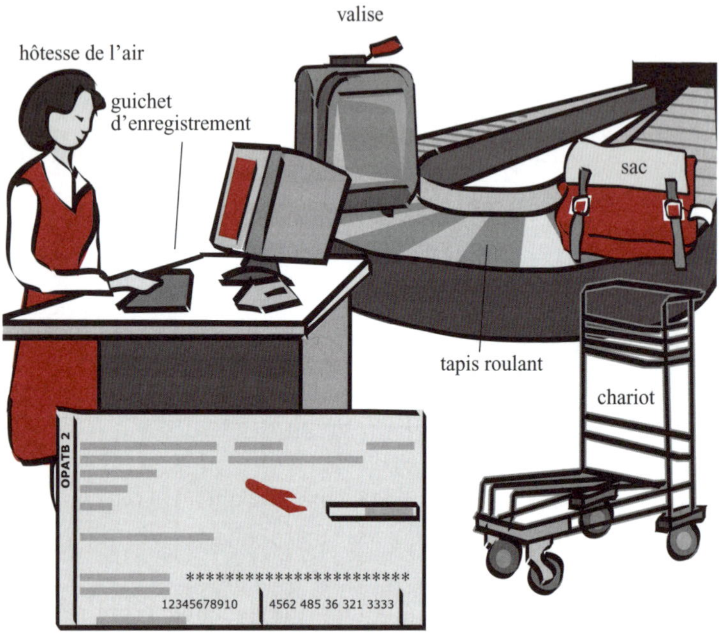

billet d'avion

Derrière elle, se tient une élégante dame avec de longs cheveux noirs. Elle a un sourire *chaleureux*.

«Bonjour, Tobias. Je suis Madame Perrier. Je suis désolée de vous avoir fait attendre si longtemps mais je suis restée bloquée dans un *embouteillage*. Avez-vous fait bon voyage?

– Notre vol avait une heure de retard. Nous sommes un peu fatigués d'avoir attendu si longtemps, répond Elisabeth.

– Hé bien, rentrons vite à la maison pour que vous puissiez vous reposer. Mathilde et François vous attendent déjà avec impatience. Vos parents ont vraiment eu une excellente idée de vous envoyer chez nous pour les vacances d'été. Le meilleur endroit pour apprendre une langue, c'est dans le pays où on la parle!»

Madame Perrier s'efforce de parler lentement et *distinctement* pour que les deux jeunes la comprennent bien.

Übung 1: Sind die folgenden Aussagen richtig?
Markiere mit richtig ✔ oder falsch –!

ÜBUNG 1 !

1. Il y a beaucoup de monde à la gare. –
2. Tobias et Elisabeth partent tout seuls en vacances. ✓
3. Tobias est petit et gros. –
4. Elisabeth est une fille très calme. –
5. Ils vont passer leurs vacances en France. ✓
6. L'avion a eu une heure de retard. ✓

«Oh, je crois rêver!» Elisabeth sort de la voiture et se réjouit. Elle voit la mer turquoise devant elle. Il y a un petit escalier pour descendre directement à la plage. La maison des Perrier, des amis des parents d'Elisabeth et de Tobias, se trouve sur la *falaise* au-dessus de la mer. C'est ici qu'ils vont passer leurs vacances et améliorer leur français.
«Nos parents ont vraiment eu une très bonne idée», pense Elisabeth.
«Vous pouvez ranger tout de suite vos valises dans votre chambre au premier étage et *enfiler* vos maillots de bain. On va vous montrer notre plage. François y est déjà. Il fait de la *plongée sous-marine* avec des amis», dit une jeune fille de seize ans qui est sortie de la maison en courant. Elle a tout de suite deviné ce dont Elisabeth avait vraiment envie.
«Mathilde, sois gentille. Laisse nos *hôtes* se reposer un peu, dit Madame Perrier à sa fille.
– Oh, je ne suis pas fatiguée du tout, répond Elisabeth.

Moi, je préfère aller tout de suite à la plage.
– Bonjour, je m'appelle Mathilde. Vous êtes sûrement Elisabeth et Tobias. Je suis très contente que vous soyez enfin arrivés.» Mathilde se rapproche des deux jeunes. Ses cheveux bouclés sont *roux* et son visage, couvert de *tâches de rousseur*, est très sympathique. Elle monte au premier étage avec Tobias et Elisabeth pour leur montrer leur chambre.

Une minute plus tard, Elisabeth s'est déjà changée et attend son frère Tobias avec impatience.
«Tu ne t'es pas encore mis de crème solaire!» lui reproche celui-ci en descendant de sa chambre.
Ses bras et jambes, longs et *minces,* semblent encore plus blancs à cause de son maillot de bain noir. Il tend la crème solaire à sa sœur.
«Quoi facteur de protection 30! J'ai envie de *bronzer*, moi! *Allez, viens*, on va se baigner!» lui répond celle-ci.
Mathilde descend avec eux vers la plage.

! ÜBUNG 2

Übung 2: Welche Wörter gehören zusammen? Trage die richtige Nummer in das Kästchen ein!

1. maillot	☐ de soleil
2. crème	☐ à journaux
3. facteur	☐ de bain
4. kiosque	☐ de protection
5. *planche*	☐ solaire
6. masque	☐ *à voile*
7. lunettes	☐ *d'affichage*
8. *tâches*	☐ *sous-marine*
9. *plongée*	☐ de souvenirs

10. magasin ☐ *de rousseur*
11. *tableau* ☐ de plongée

«Moi, je vais tout de suite dans l'eau!» Elisabeth ne veut pas perdre une minute de plus.
«Fais attention! Il y a beaucoup d'oursins dans la région», lui dit Mathilde.
Tout à coup, ils entendent un grand cri.
C'est Elisabeth, qui crie et *se débat* dans l'eau comme une folle. Mathilde et Tobias courent vers elle. Avant qu'ils n'arrivent au bord de l'eau, un grand garçon avec un masque de plongée et un tuba la porte dans ses bras.
«Il y a vraiment beaucoup d'oursins par ici. Il faut faire très attention. Montre-moi ton pied.»
Il enlève son masque de plongée et examine le pied d'Elisabeth avec un air sérieux. Des gouttes d'eau tombent de ses cheveux noirs, encore tout *mouillés*.
«Aïe, tu me fais mal!» crie Elisabeth, lorsqu'il lui enlève l'*épine* du pied. Une goutte de sang tombe et fait une tache rouge sur le sable. Des larmes coulent le long de ses joues.
«Tu aurais dû mettre tes sandales de plage pour aller te baigner, lui reproche Tobias.
– Oh, mais tais-toi donc! Toi et tes super-conseils, lui répond Elisabeth.
– Il vaut mieux que nous te portions dans ta chambre pour que je puisse *désinfecter* la *plaie*. Il faut aussi que tu te reposes, dit le plongeur.
– Me reposer? Ce n' est pas comme ça que j'imaginais mes vacances!» dit Elisabeth avec un air triste.
«Moi, non plus! pense Tobias. Enfin des vacances sans les parents.

Tout irait bien sans cette petite soeur *insupportable*. Il fallait bien sûr qu'elle marche sur un oursin dès le premier jour.»

ÜBUNG 3 !

Übung 3: Übersetze die Wörter und enträtsele das Lösungswort!

1. Mittag M I D I
2. Flugzeug A V I O N
3. Urlaub V A C A N C E S
4. Strand P L A G E
5. Meer M E R
6. Eltern P A R E N T S

Lösungswort: D A N G E R

«Ce n'est pas si grave. Demain, on ira tous faire de la *plongée sous-marine*. On pourra voir les oursins de plus près sans marcher dessus. Au fait, je me présente: je m'appelle François. Je suis le frère de Mathilde et aussi le *nageur-sauveteur* de service.»
Il regarde Elisabeth avec ses yeux bleus, se met debout et demande: «Tu arrives à te mettre debout? Je vais t'aider.»
François est un grand jeune homme de dix-sept ans *à l'allure sportive*. C'est un vrai «beachboy». Il passe presque tout son temps à faire du surf et de la *plongée sous-marine*.

ÜBUNG 4 !

Übung 4: Hier sind die Verben durcheinander geraten.
Finde heraus, an welche Stelle sie tatsächlich gehören!

Après avoir mal dormi pendant la nuit, Elisabeth passe sa matinée à regarder les *baignades* des trois autres du haut de la terrasse.

Mais l'après-midi, elle (1. dit) __________ à nouveau pleine d'énergie, elle (2. étend) __________ un bikini rouge et (3. *enfile*) __________ vers la plage.

«Mais qu'est-ce que tu fais là? (4. est) __________ Tobias tout étonné de (5. *s'allonge*) __________ sa petite sœur, tu ferais mieux de te (6. voir) __________ un peu plus longtemps!

– Oh, mais je peux très bien me reposer ici aussi! Elle (7. reposer) __________ sa serviette de plage d'un geste énergique et (8. descend) __________ dessus.

– Où est donc passé François?, demande-t-elle le plus discrètement possible.

– Il est là-bas au fond de la plage. Il s'entraîne pour le championnat de surf junior», répond Mathilde avec un petit sourire. Elle sait très bien que les filles sont fascinées par son frère. Ses beaux yeux bleus et son sourire ont beaucoup d'effet sur elles. Un peu plus tard, Elisabeth annonce: «Bon, je vais me promener un petit peu.»

Elle va évidemment dans la direction que Mathilde lui a indiquée. C'est-à-dire vers François.

«*Allez, viens*, on va nager! propose Mathilde à Tobias.

– Il faut encore que je me mette de la crème solaire.

– Mais tu l'as déjà fait il y a une demi-heure, non?

– Oh, il faut être très prudent de nos jours. Sais-tu qu'en Australie les gens portent des tenues de plongée aux longues manches pour aller à la plage?

– D'accord mais ici on est en France et pas en Australie. *Allez, viens*! Je vais te montrer quelque chose de très beau.»

Mathilde prend Tobias par le bras. Elle lui tend un masque de plongée et court vers la mer. Tobias la suit tout doucement. Après avoir nagé quelques mètres le long de la plage, Mathilde lui dit:
«Mets ton masque et regarde sous l'eau!»

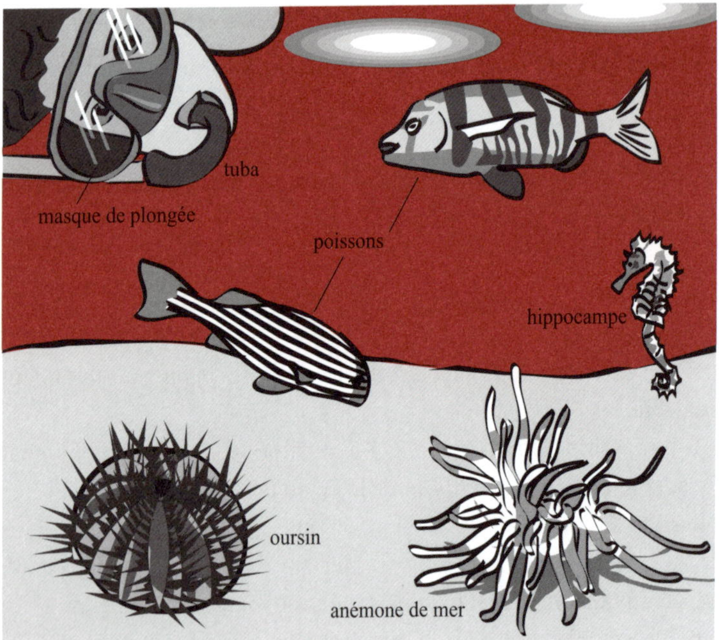

Tobias suit ses *consignes* et est émerveillé par tout ce qu'il voit. Il se trouve juste au-dessus d'un petit *récif* couvert d'anémones de mer jaunes et rouges. Quelques hippocampes sont juste devant lui et des petits poissons jaunes *à rayures* noires nagent un peu dans tous les sens comme s'ils étaient curieux de découvrir les nouveaux venus. Il n'avait jamais rien vu de semblable, à part peut-être au Grand Aquarium. Mathilde lui fait signe et lui montre des oursins aux jolis reflets roses. Sous l'eau, ils sont beaux.

Ils nagent un peu plus loin. Il n'y a plus de plage là où ils se trouvent et les vagues *se brisent contre* une grande falaise. Tout en haut, il y a le Grand-Hôtel Majestic-Roc. En se rapprochant, Mathilde pousse un cri de colère:
«Quels *pollueurs*! Il y a des gens qui se croient tout permis.
– De quoi parles-tu?
– Mais regarde là-haut. Des *espèces d'imbéciles* ont jeté des pots de peinture du haut de la falaise. Quelle pollution!»
Tobias aperçoit, lui aussi, les pots de peinture. Certains sont restés accrochés à des buissons. De la couleur rouge a même coulé de l'un des pots et recouvert les feuilles de l'un d'eux.

Übung 5: In diesem Gitternetz sind fünf Farben versteckt. Findest Du sie alle? (Achtung: Ein Wort ist diagonal geschrieben!)

ÜBUNG 5 !

N	A	C	S	U
R	O	U	G	E
G	R	I	S	B
E	A	B	R	O
D	N	L	T	K
P	G	E	S	W
I	E	U	V	Z

____

____

____

____

____

Pendant ce temps, Elisabeth marche dans la direction opposée. Elle veut demander à François quand est-ce qu'ils iront faire de la *plongée sous-marine* ensemble.

, elle aperçoit un groupe de garçons qui discutent. Leurs *planches à voile* sont plantées dans le sable.
«Qu'est-ce que tu vas faire ce soir, François?
– Je ne sais pas. Il n'y a pas grand chose à faire dans ce *bled*.
– Bon, alors on se retrouve tous à ‹La Rumba› pour aller *draguer*.
– *Ouais*, mais c'est toujours les mêmes *nanas* qui y vont. C'est pas tellement intéressant, *réplique* François, l'air ennuyé.
– Je vois venir une *meuf*. Je ne la connais pas. Qui c'est? demande Benoît, le meilleur ami de François, en voyant Elisabeth arriver.
– Je vous présente: voici Elisabeth qui vient d'Allemagne. Je te présente mes copains, Matthieu, Benoît, Simon et Jean-Luc.»
Les garçons sont très curieux et ils posent beaucoup de questions à Elisabeth.

Übung 6: Ergänze die Fragen!

1. Tu viens de ______________ ville?
2. Tu passes tes vacances ici sans tes ____________?
3. Pourquoi _________-tu mal au pied?
4. Quel âge _____________-tu?
5. ______________ on mange de la *choucroute* tous les jours en Allemagne?
6. Quel genre de musique ____________-tu?
7. On *sort en boîte* ce soir. Tu ______________ avec nous?

– Oh oui, volontiers!» répond Elisabeth qui attendait avec impatience qu'on lui pose cette question.

Übung 7: Setze das passende Wort in die Lücke ein!
(discothèque, yeux, jupe, après-midi, armoire, miroir)

Elisabeth passe le reste de l' 1. ________________ à choisir le *look* idéal pour aller en 2. ________________. Elle ne sait pas si elle doit choisir la petite 3. ______________ blanche avec le top violet ou plutôt son pantalon en jean avec un pull-over bleu clair qui va si bien avec la couleur de ses 4. ________________.
Elle reste des heures devant le 5. ________________ et sort tous ses vêtements de l' 6. ________________.

«Tu es prête? On y va!» crie Tobias devant sa porte.
Il aimerait plutôt rester à la maison. Il n'aime pas beaucoup les discothèques. La musique est beaucoup trop forte, l'air est mauvais et en plus il faut danser! Il aimerait bien mieux rester à la maison et essayer ses nouveaux *logiciels* sur son ordinateur. Mais Mathilde avait tellement insisté avec ses beaux *yeux de biche* qu'il n'a pas pu refuser d'y aller.
Tobias s'est très bien habillé. Il porte une chemise blanche et un jean. Il s'est mis du gel dans les cheveux et les a coiffés vers le haut. C'est la première fois qu'il sort avec une fille. Dix minutes plus tard, Elisabeth sort finalement de sa chambre. Elle s'est mis un peu trop d'eye-liner et de *rouge à lèvres.*
«Tu veux aller au Carnaval? Tu ressembles à un clown! proteste Tobias.
– Et toi, Casanova, tu t'es regardé dans une glace? Tu veux peut-être impressionner quelqu'un?»

Tobias devient rouge comme une tomate en entendant les remarques de sa sœur. Il descend vite les escaliers. Dans la cour, François et Mathilde les attendent déjà sur leurs petits *scooters*. Et tout le monde part dans un grand bruit de moteurs.

Ce soir-là Antibes, la ville la plus proche, est très animée. Il y a beaucoup de gens assis à la terrasse des restaurants et des cafés et d'autres qui se promènent le long de la plage. Des touristes fatigués retournent à leurs hôtels après avoir passé leur journée à visiter de nombreux musées. La nuit tombe lentement sur la ville.
François et Mathilde emmènent leurs amis le long de la plage. Le vent souffle dans les palmiers et la mer réfléchit les lumières de la ville. François conduit très vite et dépasse les voitures sans grandes *précautions*. Mathilde, elle, prend son temps et montre les curiosités de la ville à Tobias.

ÜBUNG 8 !

Übung 8: Finde für das Wort in Klammern ein Reimwort, das in den Zusammenhang passt!

«Tu vois là à gauche? C'est le meilleur *marchand de glaces* de (1. danse) ____________________. Et à droite, il y a le magasin de Madame Fernand qui vend les meilleures (2. boules) ____________ de la Côte d'Azur. Là-haut, en haut de la (3. discipline) _______________, c'est le Château Grimaldi. Le Prince de Monaco y a habité pendant un certain temps. Picasso y a aussi travaillé et séjourné. Les tableaux qu'il a peints pendant la période où il a habité là sont maintenant exposés dans un musée situé dans le

(4. bateau) ________________. Je trouve que ce sont ses plus belles *toiles*. A l'intérieur du musée, il y a aussi une exposition des meilleurs (5. *bibelots*) ______________________ de Picasso. *Du moins*, c'est mon avis personnel. On pourra y aller (6. chemin) _______________, si tu en as envie.

J'aime beaucoup la peinture. Je trouve qu'elle exprime plus de choses que les mots … Regarde là-bas, on aperçoit les lumières de Nice. Parfois quand il fait beau, on voit les sommets *enneigés* des Alpes Maritimes.»

Mathilde s'arrête. Ils sont devant une vieille maison, sur laquelle ‹La Rumba› est écrit en lettres dorées. Il y a une longue queue de jeunes gens qui va jusque sur le trottoir.

«On ne va jamais pouvoir rentrer là-dedans», *lâche* Tobias.

Mais Mathilde le rassure: «Laisse faire François. Il connaît le *portier*.»

Quelques minutes plus tard, ils se retrouvent au milieu de jeunes en train de danser. Une boule à facettes tourne et illumine la piste de danse de mille petits reflets. Des projecteurs de lumière de plusieurs couleurs créent des effets spéciaux. La musique est si forte qu'ils doivent crier pour se comprendre.

«Vous voulez boire quelque chose? demande François.

– Pour moi, un orangina, s'il te plaît, répond Mathilde.

– Je voudrais aussi un jus d'orange», dit Tobias.

François sourit: «L'orangina, ce n'est pas du jus de fruit. C'est plutôt comme de l'*orangeade*.

– Bon, alors, je prends une cola.

– Quoi?

– Une Coca-cola.

– François, je pense que Tobias voudrait un coca, dit Mathilde pour lui venir en aide.

ÜBUNG 9

Übung 9: Ordne den Ziffern im Bild die richtigen französischen Begriffe zu! ***(piste de danse, boule à facettes, enceintes, disque-jockey, table de mixage, casque d'écoute, projecteur, disque, cd)***

– Où est passée Elisabeth? demande Mathilde.
– Elle est en train de danser là-bas comme une folle. Apparemment, elle va beaucoup mieux. Ce matin, elle pouvait à peine marcher, lui répond Tobias avec ironie.
– *Allez, viens*, on danse, lui lance Mathilde.
– Je ne sais pas danser, souffle Tobias.
– Ce n'est pas vrai! Tout le monde sait danser. Il faut seulement un peu de courage. *Allez, viens*!»
Elle prend Tobias par le bras et l'entraîne vers la piste de danse. Il ne peut pas s'en aller et doit donc bouger un peu au son des rythmes. Mathilde ne peut pas s'empêcher de rire en voyant sa façon maladroite de danser. Elle décide de poser ses bras autour de son cou et de lui montrer comment on danse au son de la musique.

«Hé oh, les amoureux, où est passé François?» crie quelqu'un derrière Tobias. C'est bien sûr Elisabeth. Il lui montre la direction du bar et continue à danser.
François est au *comptoir* et discute avec une grande blonde qui *rit comme une hystérique* chaque fois que François dit quelque chose. Très en colère, Elisabeth va à leur rencontre.
«Tu as promis de danser avec moi», lance-t-elle à François.
Celui-ci la regarde avec un gentil sourire et ouvre la bouche pour formuler des excuses quand soudain toutes les lumières *s'éteignent*. L'obscurité est totale. Il n'y a plus de musique. Des filles poussent des cris de panique. Quel chaos!
Tobias, encore sur la piste de danse, se sent un peu seul dans l'obscurité. Tout à coup, il sent deux bras *s'enlacer autour de* son cou. Il a peur et veut *se débattre* mais voilà que deux lèvres viennent se poser sur les siennes. Ça ne dure pas longtemps mais il devient tout rouge. Il sent ses jambes se *ramollir* et ferme les yeux.

Quand il les ouvre à nouveau, quelques bougies illuminent la pièce. «Que s'est-il passé? demande-t-il tout étonné.
– Tu *es tombé dans les pommes*», dit Mathilde en souriant.
Elle est assise auprès de lui et tient un verre dans la main.
«Bois un peu d'eau. Ça te fera du bien.
– Je ne sais plus ce qui s'est passé, dit Tobias encore très surpris.
– Oui, oui», dit Mathilde avec un petit sourire.
Tobias la regarde avec un air *hébété*. A-t-il rêvé ou Mathilde l'a-t-il vraiment *embrassé*?
«Alors, les amoureux! Que faites-vous dans le noir?»
François se rapproche d'eux en tenant Elisabeth par le bras car elle a encore un peu peur.
«Elle est vraiment *cool*, cette *coupure de courant*. Quel *super* timing! Un vendredi 13. Toute la ville est *paralysée*. Plus rien ne fonctionne. Il n'y a pas un seul endroit avec de la lumière.
– Mais c'est à cause de quoi? demande Elisabeth.
– Un *éclair* est peut-être tombé quelque part? répond Mathilde.
– Ou alors c'est peut-être un *court-circuit*, dit Elisabeth.
– Un *court-circuit* qui paralyse toute la ville? *réplique* François d'un air sceptique, non c'est sûrement un *mec cool* qui veut s'amuser un peu.
– Très amusant», juge Mathilde d'un air sévère.

ÜBUNG 10 !

Übung 10: Welche Übersetzung der Wörter in Umgangssprache stimmt? Kreuze die richtige Lösung an!

1. *tomber dans les pommes*
   a) ☐ ins Fettnäpchen treten
   b) ☐ ohnmächtig werden
   c) ☐ ins Schwarze treffen

2. *mec*

a) ☐ Hund
b) ☐ Sohn
c) ☐ Kerl

3. *flic*

a) ☐ Fleck
b) ☐ Lumpen
c) ☐ Polizist

4. *meuf*

a) ☐ Mütze
b) ☐ Mädchen
c) ☐ Kuh

5. *fric*

a) ☐ Erde
b) ☐ Geld
c) ☐ Strick

6. *nana*

a) ☐ Kindermädchen
b) ☐ Zwerg
c) ☐ Mädchen

7. *sortir en boîte*

a) ☐ mit einer schnellen Kiste fahren
b) ☐ in die Disco gehen
c) ☐ aus der Kiste nehmen

Rentré à la maison, Tobias est heureux de pouvoir enfin se coucher dans son lit. Il regarde longuement le plafond et écoute le bruit des

vagues. Son cœur bat très fort et sa tête est pleine des *moments forts* de la journée. Il est trop excité pour pouvoir dormir. Il pense beaucoup à Mathilde. A ses yeux verts, à ses beaux cheveux *roux* et à son merveilleux sourire. Il est tombé amoureux d'elle.
Le lendemain matin, Mathilde et Tobias vont tous les deux à Antibes pour aller voir l'exposition Picasso dans le Château Grimaldi. Elisabeth et François préfèrent aller à la plage pour nager un peu et *s'allonger* au soleil.
«Je n'ai aucune envie d'aller voir de vieux tableaux alors qu'il fait un temps superbe pour faire du surf! dit François.
– Moi, je préfère *m'allonger* au soleil au lieu de m'ennuyer dans un musée, dit Elisabeth en riant.
– Vous êtes vraiment des *ignares*!» *réplique* Mathilde en allant avec Tobias vers son *scooter*.

Ce jour-là, ils sont les premiers visiteurs du musée.
«J'aime être seule devant les tableaux. Quand je suis seule avec eux, chacun d'eux me raconte une histoire. Il faut se mettre devant un tableau, observer et écouter.»
Elle passe lentement d'un tableau à l'autre. On y voit des *sirènes*, des hommes à tête de cheval et des bateaux. Tout est un peu *défiguré*. Certains éléments des tableaux sont réduits à des formes géométriques.
«Voici mon tableau préféré.»
Mathilde s'arrête devant une grande *toile* avec d'étranges chèvres qui ont l'air de danser.
«Ça s'appelle ‹La joie de vivre›. Entends-tu le son que font les *clochettes* des chèvres et la *bergère* qui joue de la flûte? Regarde comme la femme, au milieu du tableau, se met à danser. On a vraiment l'impression d'entendre la musique en regardant les chèvres qui dansent, elles aussi …»

Übung 11: Welches Wort ist das „schwarze Schaf"? Unterstreiche das nicht in die Reihe passende Wort!

ÜBUNG 11 !

1. cheval, chèvre, rose, chat, chien
2. *scooter*, voiture, chaise, bus, vélo
3. poisson, viande, fromage, pain, ouvre-bouteille
4. mère, père, professeur, oncle, tante
5. lit, table, plafond, armoire, sofa
6. musée, église, magasin, oursin, école

Mathilde interrompt son petit *discours* plein d'*enthousiasme*. Elle fixe un coin du tableau d'un regard étonné. Il y a une petite tache rouge qui la dérange.

«Ce n'est pas possible. Il y a une petite tache rouge. Il n'y a jamais eu de tache rouge à cet endroit. J'en suis sûre, mais là, il y en a une! Je ne comprends pas. Tobias, regarde là, je rêve ou y a-t-il bien une petite tache rouge à côté de la chèvre qui se tient debout. Là, entre la queue de la chèvre et le bleu de la mer, très précisément entre sa queue et le genou de la femme.

– Mathilde, c'est effectivement une petite tache rouge. Es-tu vraiment sûre qu'elle n'y était pas avant? demande Tobias.

– Oui, tout à fait. Je viens souvent ici pour voir Monsieur Jacques. Nous regardons les tableaux ensemble et il me raconte de merveilleuses histoires. C'est vraiment *passionant* de l'entendre raconter des histoires.

Monsieur Jacques est le gardien du musée. Il est assez âgé et travaille ici depuis des années. Il a même déjà *serré la main* de Picasso. Il sait tout sur lui, sur sa vie, sur sa peinture et il peut raconter des histoires à propos de chaque tableau.

J'ai déjà regardé ce tableau au moins cent fois et je n'y ai jamais vu de tache rouge.

– Mais pourquoi y a-t-il une tache rouge maintenant?
– Eh bien, je ne sais pas, répond Mathilde, un peu énervée. Allons voir Monsieur Jacques. Il pourra peut-être nous en dire plus.
Tiens, c'est bizarre: il n'est pas là aujourd'hui. Normalement, il est toujours assis sur cette chaise. Allons voir Mme Goujon, la directrice du musée. Elle sait sûrement où il est.»
Mathilde prend la main de Tobias et l'entraîne vers le bureau de la directrice. Devant la porte du bureau, ils entendent une voix énervée.
«... mais Monsieur Pennymaker, vous êtes sur la liste des invités d'honneur. Le programme de la fête de *jubilé* est déjà imprimé et vous deviez prononcer le *discours d'ouverture*.
– Sorry, my dear. Mais je ne peux pas rester plus longtemps à Antibes. J'aime beaucoup votre petite ville et votre formidable collection Picasso mais j'ai des affaires importantes à régler en Amérique.»
Quelques secondes plus tard, un homme assez gros en shorts et *chemise hawaïenne* sort du bureau. Il *jette un* rapide *coup d'œil sur* les jeunes à travers ses grosses lunettes et quitte le musée tranquillement avec un petit sourire.

Quand Mathilde et Tobias frappent à la porte du bureau, ils entendent une voix sèche venant de l'intérieur dire: «Entrez!».
Ils entrent.
«Bonjour Madame. On voulait seulement vous demander si vous savez où est passé Monsieur Jacques.
– Monsieur Jacques ne vient pas travailler aujourd'hui. Il a téléphoné ce matin pour nous dire qu'il était malade», répond Mme Goujon en continuant de regarder ses papiers.
Une fois les deux jeunes sortis du bureau, Tobias demande à Mathilde: «Pourquoi ne lui as-tu pas parlé de la tache rouge?

– Elle ne me prendrait pas au sérieux. Elle est tellement occupée avec l'organisation de l'année Picasso, qu'elle n'a pas le temps de s'occuper d'une petite tache rouge imaginaire. Elle risquerait de faire une grosse crise de nerfs.

Übung 12: Beantworte die Fragen zum Text!

1. Que voit Mathilde sur le tableau?

____

____

2. D'habitude, qui est-ce qui raconte de merveilleuses histoires à Mathilde?

____

____

3. Qui est Mme Goujon?

____

____

4. Pourquoi Monsieur Jacques ne travaille-t-il pas aujourd'hui?

____

____

5. Qu'est-ce que Madame Goujon est en train d'organiser?

____

____

– D'accord mais alors qu'est-ce qu'on fait maintenant? demande Tobias avec curiosité.

– Nous allons faire une petite visite à Monsieur Jacques. François et moi, nous allons souvent chez lui pour l'aider un peu dans le jardin. Il n'est plus très jeune et son *jardin potager* est très grand. Nous l'aidons donc à *arracher* les mauvaises herbes et à récolter les fruits et les légumes.»

Mathilde fait *démarrer* son *scooter*. Tobias saute rapidement sur le *siège arrière* et les voilà en route!

Ils longent rapidement le quai du port. Ils passent devant le *marchand de glaces* Giovanni et voient le *scooter* de François. Elisabeth les a vus et leur fait signe. Mathilde freine et s'arrête. Ils leur racontent en quelques minutes l'histoire de la mystérieuse tache rouge sur le tableau de Picasso.

François est radieux: «Enfin, un vrai mystère à élucider! Finalement, c'est peut-être une tache de sang. Quelqu'un a peut-être été tué cette nuit au musée et *le meurtrier* court peut-être encore dans la ville.

– François, arrête de raconter des bêtises. Ce n'est pas du sang, c'est de la *peinture à l'huile*. Allons plutôt voir Monsieur Jacques et lui demander s'il a déjà remarqué cette petite tache rouge.»

Elisabeth et François se dépêchent de manger leur glace et suivent Mathilde et Tobias jusque chez Monsieur Jacques.

ÜBUNG 13 !

Übung 13: Wähle die passenden Wörter für jeden Satz aus und unterstreiche sie!

1. Mathilde visite/rend visite à Monsieur Jacques
2. Vous devriez venir nous voir/nous visiter l'année prochaine.
3. La semaine prochaine, je vais voir/visiter une pièce de théâtre.

4. Nous vous invitons à rendre visite à/visiter notre ville.
5. Malheureusement, nous n'avons pas le temps d'aller voir/de visiter Monsieur Jacques.

Monsieur Jacques habite en dehors de la ville, dans une petite maison *entourée d'*oliviers. Ils frappent à sa porte mais personne ne répond.

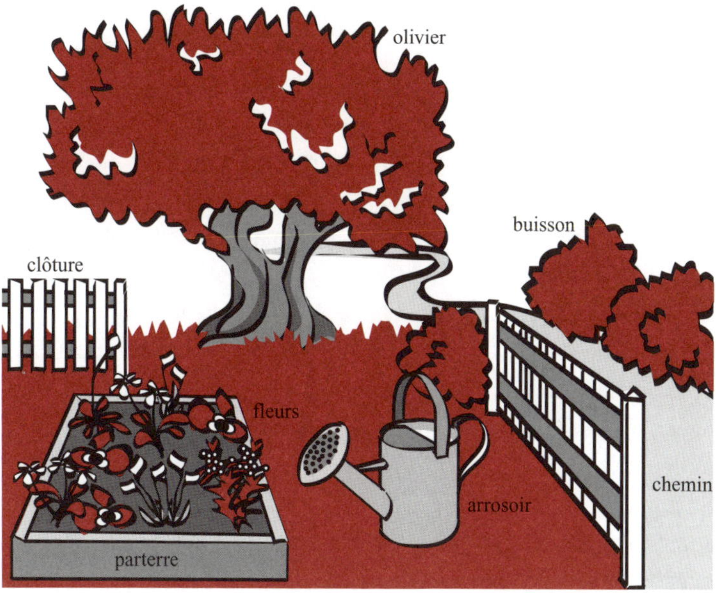

«Monsieur Jacques! Monsieur Jacques!» crie Mathilde mais à part le bruit des *cigales*, le silence est total.
– Il faut vérifier si tout va bien. Monsieur Jacques a peut-être été la victime du ‹serial killer› d'Antibes, *chuchote* François en regardant *anxieusement* autour de lui. Tobias et Elisabeth prennent peur.
«Arrête de raconter de telles histoires, dit Mathilde à son frère en

rassurant Tobias et Elisabeth. Il est peut-être tout simplement en train de dormir et se sent trop faible pour aller nous ouvrir la porte. Il a peut-être besoin de notre aide. Je sais où se trouve une deuxième clé. Monsieur Jacques laisse toujours une clé sous l'arrosoir.»

Mathilde va chercher la clé et ouvre la porte.
La maison est sombre et silencieuse. Il n'y a personne dans la salle de séjour. Les chambres sont également vides.
«Où est-ce qu'il peut bien être. Il a bien téléphoné au musée pour dire qu'il était malade. Il n'a tout de même pas disparu, dit Mathilde.
– Eh, venez voir! J'ai trouvé quelque chose, déclare François de la chambre de Monsieur Jacques. Regardez-moi ça! Une *pile de factures*! Notre cher Monsieur Jacques a de grands problèmes de *fric*. A mon avis, il doit beaucoup de *fric* à la mafia. C'est peut-être pour ça qu'il a disparu.
– Tu regardes trop de films à la télé, lui reproche Mathilde.
– Monsieur Jacques a peut-être remplacé le Picasso par un faux avec une tache rouge et essaie maintenant de vendre l'original pour payer ses *dettes*, continue François. Il est sûrement à Paris en ce moment et …»
Soudain, ils entendent un grand bruit dans la cuisine. Les cœurs des adolescents s'arrêtent de battre. Elisabeth va pousser un grand cri mais François met la main sur sa bouche pour l'en empêcher et lui murmure: «Ne bouge pas! Il y a quelqu'un dans la cuisine.»
– Mais qu'est-ce qu'on fait, nous, maintenant? Ils vont nous tuer, *balbutie* Elisabeth, terrorisée.
– Calme-toi! Je suis ceinture noire et champion régional de judo. Je vais voir ce qui se passe. François avance lentement *sur la pointe des pieds* en direction de la cuisine. Mathilde marche juste derrière lui. Par prudence, elle tient un *tisonnier* dans la main qu'elle a trou-

vé près de la cheminée. Tobias et Elisabeth les accompagnent à distance. Toute la maison est à nouveau silencieuse.

Übung 14: Übersetze die Wörter und enträtsele das Lösungswort!

1. Museum □ _ _ _ _
2. Fenster _ □ _ _ _ _ _
3. Küche _ □ _ _ _ _ _
4. Problem _ □ _ _ _ _ _ _
5. Geld _ _ _ _ _ □
6. Herz _ __ _ □
7. Stille _ _ _ □ _ _ _

Lösungswort: _ _ _ _ _ _ _

François reste une seconde devant la porte de la cuisine, puis se retourne vers les autres et leur fait signe de ne pas faire de bruit. Il ouvre alors rapidement la porte et entre dans la cuisine en poussant un *cri de guerre*.

Quelque chose tombe et se casse par terre. Très vite, une petite ombre s'échappe de la cuisine et passe tout près des autres. Elisabeth n'en peut plus et se met à hurler.

François sort de la cuisine avec un air sérieux, puis il se met à rire. «Du calme, du calme! C'est seulement Filou, le chat de Monsieur Jacques. Nous l'avons dérangé pendant qu'il mangeait. Il a eu si peur qu'il a fait tomber son *écuelle*. Il n'y a personne d'autre que nous ici. Je crois que nous en avons assez vu pour aujourd'hui. Allons voir Madame Goujon, dit François.

– Madame Goujon? Pourquoi donc? demande Mathilde très étonnée.

– Tu ne crois pas que nous devons raconter à Mme Goujon que Monsieur Jacques a volé un Picasso pour payer ses *dettes*? lui répond François avec assurance.
– Monsieur Jacques? Mais jamais de la vie! Il ne ferait jamais ça. Il aime ces tableaux, lance Mathilde.
– Oui, d'accord mais il a quand même de gros problèmes d'argent, commente Elisabeth.
– Il ne ferait jamais une chose pareille. Et puis, il ne sait pas du tout peindre.
Si le tableau qui est au musée est un faux, alors c'est plutôt une autre personne que nous devrions *soupçonner*.
– Qui donc? demandent les trois autres en chœur.
– Pascal Santini!
– Pascal Santini? répète François.
– Qui c'est? demande Tobias.
– C'est le vendeur du magasin de la rue Victor-Hugo où l'on peut acheter du matériel de peinture, lui répond François.
– Je l'ai souvent vu au musée faire des *croquis* des tableaux de Picasso. Monsieur Jacques m'a dit qu'il venait presque tous les matins. C'est souvent la première personne à entrer au musée. Techniquement, il est excellent. J'ai déjà vu plusieurs de ses tableaux dans des expositions en ville. Je peux te dire qu'il maîtrise des méthodes très variées: *peinture à l'huile, gouache, aquarelle, fusain, encre de chine* …
– Pas mal! Mais je ne comprends pas pourquoi nous devrions le *soupçonner*. Il y a beaucoup d'étudiants des Beaux-Arts et beaucoup d'artistes qui vont dessiner dans les musées sans être des *faussaires*! dit François.
– A ton avis, pourquoi les gens vont dessiner et peindre des tableaux de peintres célèbres? lui demande sa sœur.
– Je ne sais pas. Peut-être pour s'entraîner à mieux dessiner, pour

apprendre ou découvrir de nouvelles techniques. En imitant les tableaux des grands noms de la peinture, on peut peut-être faire des découvertes intéressantes. Je ne sais pas, moi je ne sais même pas dessiner, lui répond François.

– Ce n'est sûrement pas le cas de Pascal Santini. Je viens de te dire qu'il maîtrise très bien plusieurs techniques de peinture. En plus, cela fait très longtemps qu'il n'est plus étudiant, reprend Elisabeth.

– Bon, alors c'est juste un très bon artiste qui aime beaucoup Picasso et qui veut peindre comme lui. Je ne vois pas où est le problème, affirme François.

– Le problème c'est que Pascal Santini n'est pas un artiste, *réplique* sa sœur.

– Mais qu'est-ce que tu racontes! Tu viens juste de dire qu'il connaît très bien plusieurs techniques de peinture et qu'il est même excellent. Je ne comprends pas du tout que tu dises maintenant que ce n'est pas un artiste. Tu *te contredis* complètement!

Übung 15: Welcher Satz ist die logische Antwort auf die Frage? Kreuze die richtige Lösung an!

ÜBUNG 15 !

1. Qu'est-ce que tu fais ici?
   a) ☐ J'ai faim.
   b) ☐ Je téléphone à la police.
   c) ☐ Je voudrais bien du fromage.

2. Où est allé François?
   a) ☐ Il a dix-huit ans.
   b) ☐ Il s'ennuie.
   c) ☐ Il est allé à l'hôtel.

3. Pourquoi veut-il rester tout seul?
   a) ☐ Il aime être seul pour réfléchir.
   b) ☐ Il reste à la maison.
   c) ☐ Il veut que vous restiez.

4. Où est-ce que se trouve la maison des Perrier?
   a) ☐ Il y a un grand arbre.
   b) ☐ Elle trouve qu'ils *sont sur la bonne voie*.
   c) ☐ Elle se trouve près de la mer.
   d) ☐ Elle se trouve au centre-ville.

5. Qu'est-ce que tu en penses?
   a) ☐ Je pense beaucoup à Mathilde.
   b) ☐ Je trouve qu'il faut agir.
   c) ☐ Je pense avoir un autre stylo.
   d) ☐ Cela me fait penser à mes vacances.

6. Qu'est-ce qu'on fait maintenant?
   a) ☐ Nous allons nous cacher.
   b) ☐ Il aimerait manger une glace.
   c) ☐ On n'a pas envie de rester ici.

– Tu sais François, il faudrait que tu viennes plus souvent avec moi pour aller voir des expositions de peinture. Tu comprendrais mieux certaines choses …
– Oui, je veux bien, mais tu ne m'as toujours pas répondu.
– Hmm, je vais t'expliquer: un artiste, ce n'est pas seulement quelqu'un qui connaît parfaitement plusieurs techniques et qui sait les appliquer, c'est surtout quelqu'un qui ‹crée› quelque chose de nouveau. Quelque chose qui n'existait pas avant. Picasso par exemple, il a inventé plusieurs styles de peinture et de sculpture.

Übung 16: Im folgenden Text sind sechs Wörter falsch geschrieben. Finde, unterstreiche und verbessere sie!

– C'est vrai, notre profeseur de dessen nous a parlé de lui, dit Tobias. Picasso a inventé le cubisme, il a peint des tablaux très modernes, d'autres très classikes et réalisé des sculptures avec des *objets récupérés* come par example une selle de vélo avec un guidon qu'il a apelé ‹Tête de *taureau*›.

– Hé bien, continue Mathilde, Pascal Santini, lui, n'invente rien du tout. Il copie toujours un motif qui existe déjà. Il a déjà copié des tableaux de Van Gogh, de Paul Klee et de Matisse.
– Est-ce que c'est possible de copier un tableau de Picasso et de le vendre? demande Elisabeth.
– Si tu imites la signature de l'artiste et que tu dis que c'est un original, c'est complètement interdit par la loi car ce tableau serait alors un faux Picasso. C'est comme faire un faux billet de banque. Tu peux aller en prison si tu fais ça.
– Mais alors pourquoi Pascal Santini n'est pas en prison? insiste Elisabeth.
– Jusqu'ici il n'a rien fait d'illégal. Ce n'est pas interdit d'imiter un peu un tableau. D'habitude, Pascal change un petit détail du tableau original pour donner une touche personnelle à sa copie car il doit très bien savoir que c'est interdit de faire des faux. Le problème c'est que Pascal Santini ne réussit pas à vendre ses tableaux et à vivre de sa peinture. Il n'a donc aucun succès artistique car les gens préfèrent l'original à la copie.
– Comment gagne-t-il sa vie? demande Tobias
– Comme il n'a pas assez d'imagination pour inventer un style personnel, il a décidé de changer de métier: il est vendeur au magasin de matériel de Beaux-Arts de la rue Victor-Hugo.

– Tout ce que tu viens de dire sur Pascal Santini est très intéressant, dit François en s'adressant à sa sœur. En attendant, nous ne sommes pas du tout sûrs que ce soit lui l'auteur de ce faux tableau.
– Et nous n'avons aucune preuve contre lui, ajoute Tobias.
– Pour l'instant, vous avez raison, répond Mathilde, mais je fais confiance à mon intuition. Je trouve que nous devrions observer Pascal Santini et découvrir s'il a un rapport avec cette affaire. Quelqu'un est bien l'auteur de ce faux Picasso!
– Je suis d'accord avec Mathilde. Ces quelques factures ne prouvent rien du tout contre Monsieur Jacques. Ça pourrait être une raison mais où sont les preuves du crime? Je ne vois pas de copies de Picasso ici. Il n'y a pas non plus de peinture à l'huile, ni de *toile*, dit Tobias.
– Bon d'accord, mais alors qu'est-ce que tu proposes de faire concrètement? demande François, un peu énervé.
– Nous allons observer Monsieur Pascal. Il travaille toute la journée dans son magasin de matériel pour artistes. Il y a un *café-glacier* en face. Deux d'entre nous vont y aller et surveiller le magasin en permanence. S'il se passe quelque chose de bizarre, on s'appelle sur le *portable* ...»
Mathilde n'a pas le temps de terminer sa phrase que déjà Elisabeth *intervient*:
«Moi, je retourne volontiers manger une grande glace au *café-glacier*. Si vous voulez, je peux même y rester toute la journée. Vous savez qu'ils ont plus de 100 *parfums* différents? J'aimerais bien tous les goûter.
– Ne sois pas bête. Il faut absolument que nous nous remplacions de temps en temps sinon on va se faire remarquer. Mathilde et moi, nous serons les premiers à aller manger une glace, pendant ce temps-là vous pouvez vous reposer, dit Tobias.
– Mais je ne suis pas fatigué, moi!» proteste François.

Übung 17: Ordne den Ziffern im Bild die richtigen französischen Begriffe zu!

Mathilde und Tobias choisissent une table d'où l'on voit très bien le magasin de Pascal Santini. Ils commandent deux énormes glaces pour pouvoir rester là pendant des heures sans se faire remarquer. «Excellente idée, Mathilde, dit Tobias avec un grand sourire, qui aurait pensé que la vie de détective pouvait être si agréable!»
Tout à coup le *portable* de Mathilde se met à sonner.

«Oui, allô? … Ah, c'est toi, François … Rien à signaler. Dis-moi, tu ne vas quand même pas nous appeler toutes les deux minutes. Il faut tout simplement que nous attendions qu'il se passe quelque chose.»

Ils attendent une, deux, trois heures et rien ne se passe.

«Il va falloir rentrer maintenant. On ne peut plus rien faire aujourd'hui», dit Tobias.

– Restons encore une heure ou deux jusqu'à ce que Pascal Santini ferme le magasin. On va le suivre discrètement. Il nous mènera peut-être à un endroit secret où il peint de faux tableaux, lui propose Mathilde.

– Mais Mathilde, nous ne savons même pas s'il est le *faussaire* et nous ne sommes même pas sûrs que le tableau qui est au musée soit un faux. Et où est donc passé Monsieur Jacques?

– Ça, je ne le sais pas. Mais, mon cher Tobias, fais-moi confiance. Je sens que nous *sommes sur la bonne voie*.

– Ça fait maintenant des heures qu'on est là. Tu as remarqué que le garçon commence à nous *regarder de travers* parce qu'on occupe des places?

– Bon, alors on va à la plage. On attendra là-bas que Pascal Santini ferme sa boutique», propose Mathilde.

Ils payent l'addition et vont à la plage pour regarder le coucher de soleil. Ils s'assoient sur le sable et regardent la mer. Tobias aimerait bien prendre la main de Mathilde mais il est trop timide. Ils restent donc assis l'un près de l'autre en *contemplant* le calme, le silence et les différentes couleurs du ciel et de la mer tandis que le soleil se couche.

«Hé, tu sais quelle heure il est? Tout *affolée*, Mathilde *bondit*.

Il est huit heures moins le quart! Monsieur Pascal a l'habitude de fermer son magasin un peu plus tôt quand il n'y a pas de clients. *Allez, viens*! On y va!»

Übung 18: Schreibe die Uhrzeiten in Zahlen!

1. cinq heures moins le quart	4:45
2. midi et demi	______
3. dix-neuf heures quinze	______
4. onze heures moins vingt-cinq	______
5. minuit	______
6. une heure trente-deux	______
7. trois heures moins le quart	______
8. quinze heures cinquante-cinq	______

Mathilde prend la main de Tobias et l'entraîne vers son *scooter*. Par discrétion, Mathilde décide de conduire lentement le long du quai, puis elle tourne à droite dans la rue du magasin de Pascal Santini. Ils arrêtent le *scooter* près du magasin et vont se cacher de l'autre côté de la rue pour tout observer. Pascal Santini est juste en train de fermer son magasin. Puis, il s'en va en emportant avec lui deux grands sacs qui étaient à coté de la porte. Ils ont l'air assez lourds. Il les a suspendu au guidon de sa bicyclette.
«Qu'est-ce qu'il peut bien y avoir dedans? se demande Tobias.
– C'est sûrement du matériel de peinture. Je savais bien qu'il nous mènerait à sa *cachette*. Maintenant, il va falloir le suivre de très loin pour ne pas se faire remarquer mais sans le perdre des yeux! »
Mathilde conduit son *scooter* très lentement tout en suivant Pascal. Elle s'arrête de temps en temps pour ne pas trop se rapprocher de lui. Pascal Santini ne remarque pas qu'on le suit. Il continue son chemin en *pédalant* tranquillement.

Übung 19: Ordne den Ziffern im Bild die richtigen französischen Begriffe zu!

(phare, phare de bicyclette, pneu, casque, siège, guidon, rétroviseur, selle, porte-bagages, pédale)

«Tiens, il va vers chez nous!» observe Mathilde en voyant Pascal quitter la grande route et prendre un petit chemin vers le Cap d'Antibes.

«Il vaut mieux laisser le *scooter* ici et continuer à pied parce que sinon on va faire trop de bruit», ajoute-t-elle.

Il fait presque nuit et ils ne voient plus que la silhouette de Pascal

Santini sur son vélo. Ils courent vite derrière lui et arrivent *à bout de souffle* à un croisement de plusieurs chemins. Plus aucune trace de l'artiste méconnu.
«Qu'est-ce qu'on fait maintenant? demande Tobias.

Übung 20: Setze die richtigen Präpositionen ein!
(pour, de, à, où, avec, qu', derrière)

– Humm. 1. __________ gauche, c'est la route qui mène à l'hôtel Majestic-Roc; à droite, c'est le chemin pour rentrer à la maison et tout droit, il y a une maisonnette abandonnée 2. __________ habitait le jardinier 3. __________ l'hôtel. Tiens, mais ce serait l'endroit idéal 4. __________ peindre de faux tableaux», conclut Elisabeth 5. __________ *sagacité*. Elle se met à courir très vite. Tobias court lentement 6. __________ elle. Il essaie d'aller aussi vite 7. __________ elle mais il n'arrive pas à la ratrapper. Il a un *point de côté* et est *à bout de souffle*.

ÜBUNG 20 !

«Stop, Tobias! lui crie Mathilde cachée derrière un pin.
– Viens voir, vite! Tobias entre vite dans les buissons.
– Regarde là-bas. C'est la maisonnette du jardinier.
– Mais qu'est-ce que Pascal est venu faire ici? demande Tobias.
– Je ne sais pas. On dirait qu'il pose des pots de peinture devant la porte. Regarde, il remonte sur son vélo et laisse les pots de peinture devant la porte. C'est bizarre!
Pascal Santini a effectivement repris son vélo et s'en va en repre-

nant le même chemin qu'il avait parcouru pour venir jusque là. Il est justement en train de passer devant l'endroit où se cachent Tobias et Mathilde quand soudain son *portable* se met à sonner. Il s'arrête et sort son *portable* pour répondre à l'appel.
«Allô … Oui bonsoir Monsieur … je vous ai apporté votre commande … Oui, oui, je vous ai tout laissé *sur le pas de la porte*. … Il n'y a pas de quoi. Je vous en prie. Au revoir, Monsieur.»
Il met son *portable* dans sa poche et continue son chemin à vélo.
Mathilde regarde Tobias avec un air tout étonné. Ils ont tout entendu. Qu'est-ce que c'est que ce *coup de fil*? Les pots de peinture sont-ils pour quelqu'un d'autre?
«Mathilde, je crois qu'il faut *rayer* Pascal de la liste des suspects. Les pots de peinture ne sont pas pour lui mais pour quelqu'un d'autre. C'est peut-être pour un peintre amateur qui est inspiré par la splendide vue que l'on a d'ici sur la mer et Nice tout au fond.
– Et qui jette les pots dont il n'a plus besoin à la mer!
– Oui, c'est sûrement ça. Allez, rentrons à la maison. Elisabeth et François nous attendent et il fait presque nuit.»
Tobias et Mathilde retournent tranquillement chercher le *scooter*. Mathilde est plongée dans ses pensées.
«Je n'y comprends plus rien. Que peut-il bien se cacher derrière tout ça: d'abord une petite tache rouge sur un tableau, ensuite la disparition de Monsieur Jacques et maintenant la présence d'un mystérieux peintre amateur?
– Mathilde, tu ne crois pas que nous devrions prévenir Madame Goujon? demande Tobias.
– Tu penses qu'elle va nous croire? Elle va nous dire: ‹Je suis désolée mais je suis très occupée en ce moment avec toute l'organisation de l'année Picasso. Je n'ai pas vraiment le temps d'écouter votre histoire. Allez, les jeunes, vous feriez mieux de profiter de vos vacances.› Je la connais!»

Übung 21: In diesen Sätzen sind die Wörter durcheinander geraten. Wie lauten die Sätze richtig? Trage sie mit Satzzeichen und richtiger Groß- und Kleinschreibung ein!

1. rouge il y a une sur le tableau tache

____

2. le peintre suivent mathilde et tobias

____

3. pascal santini de grands tableaux peint

____

4. il mais n'en vend un seul pas

____

5. monsieur jacques le chat a faim de filou

____

Il fait déjà nuit quand Mathilde et Tobias arrivent à la maison. Tout excités, Elisabeth et François viennent à leur rencontre.
«Mais où êtes-vous donc passés pendant tout ce temps! Allez, racontez-nous ce qui s'est passé. Je vous ai appelé une centaine de fois mais vous *avez débranché* votre *portable*. Alors maintenant, on veut tout savoir!» François est tellement énervé qu'il laisse à peine Mathilde s'exprimer.
Mathilde répond calmement: «D'abord on va dîner. Papa et Maman doivent déjà se demander où nous sommes passés. Ils aiment que tout le monde soit à l'heure pour dîner. On vous raconte tout plus tard. On se retrouve tous dans la chambre de François après le dîner pour discuter de cette affaire.»

François n'a jamais été aussi impatient à table. Il n'a pas l'air content alors que Mme Perrier a préparé son plat préféré, *daurade* grillée et *pommes de terre sautées*.

«Ça ne va pas François? lui demande-t-elle.

– Si, si, répond-il un peu énervé.

– Tu n'es pas malade au moins, demande sa mère avec un air inquiet.

– Mais non. Ça va très bien. C'est juste que je n'ai pas très faim.

– Moi, par contre, j'en reprendrais bien volontiers, dit Mathilde en tendant son assiette vers sa mère.

– Moi aussi, je reprendrais bien un peu de *poison*.» dit Tobias.

A peine a-t-il terminé sa phrase, que tout le monde éclate de rire. Tous sauf Tobias qui a l'air très étonné et qui ne voit pas ce qu'il y a de drôle. François *pouffe de rire* en répétant que le *poison* est vraiment délicieux. Mathilde s'aperçoit que Tobias qui est assis à côté d'elle ne comprend pas du tout ce qui se passe.

Elle lui dit: «Ce n'est du *poison* que nous mangeons mais du pois**s**on. C'est très important de faire la différence entre ces deux mots. Si tu manges du *poison*, tu peux en mourir.»

Tobias a finalement compris pourquoi tout le monde a ri. Il remercie Mathilde de lui avoir expliqué et s'adresse à Mme Perrier en prononçant bien le S: «Votre poi**ss**on est vraiment délicieux et j'en reprendrais bien un morceau.»

Après avoir mangé fromage et dessert et aidé à ranger la table, les quatre jeunes décident de monter dans leurs chambres.

«Comment, vous voulez vous coucher aussi tôt! Vous ne vous sentez pas bien? dit Mme Perrier.

– Mais non, Maman, tout va bien, répond Mathilde.

– Bon, vous êtes sûrement fatigués. Allez, bonne nuit les enfants. Reposez-vous bien!

– Bonne nuit! répondent-ils en chœur.

Les quatre adolescents sont tellement excités par le mystère du faux Picasso qu'ils n'entendent plus Mme Perrier ajouter: «Ah, au fait, je voulais vous prévenir. Les voisins nous ont invités à prendre un verre chez eux. On va y aller tout à l'heure.»

Übung 22: In diesen Sätzen werden „Faux Amis" verwendet. Finde das Wort heraus, das in diesem Zusammenhang richtig wäre, und trage die entsprechende Nummer in das Kästchen ein! Achte auf die Angleichung der Possessivpronomen und Artikel!

1. Elisabeth ouvre son **coffre**.	☐ pas du tout
2. Tobias ne veut **partout** manger des escargots.	☐ valise
3. Après le **gymnase**, Mathilde veut faire des études de droit.	☐ étagère
4. Comme il a mal à la tête, Tobias prend une **tablette**.	☐ comprimé
5. Sur le **régal**, il y a beaucoup de livres.	☐ lycée

Au premier étage, les jeunes se réunissent dans la chambre de François. Mathilde et Tobias racontent enfin tout ce qu'ils ont observé.

«C'est étrange, affirme François après que Mathilde a tout raconté. Je crois que nous nous sommes complètement trompés. La petite tache rouge est peut-être due à un petit incident pendant un transport ou à des travaux de restauration.

– C'est possible», dit Tobias.

Tout à coup, Elisabeth *bondit* en pointant vers la fenêtre de François. «Hé, regardez là-bas. Il y a de la lumière!

– Mais c'est la maisonnette abandonnée où Pascal a laissé les pots de peinture, dit Tobias avec l'air étonné.

– *Tiens, tiens*: un peintre amateur qui peint la nuit. Ce n'est pas à une heure pareille qu'il va pouvoir profiter de la beauté du paysage, commente Mathilde.
– Bon, il faut aller voir de plus près ce qui se passe dans cette maisonnette. Vous venez avec moi?»
Ils sont tous pleins de curiosité sauf Tobias qui préférerait aller se coucher. Il est tellement fatigué! La journée a été agitée mais les autres réussissent à le convaincre.

ÜBUNG 23 !

Übung 23: Ordne die Buchstaben zu einem sinnvollen Wort!

Il les suit malgré sa mauvaise humeur. Les (1. seujen) __________ descendent très lentement les escaliers et passent par la (2. tepor) __________ de derrière, celle du jardin, pour que les (3. arenpts) __________ de Mathilde et François ne s'aperçoivent pas de leur promenade nocturne.

Un (4. pitte) __________ chemin mène directement de la maison des Perrier jusqu'à un carrefour. Arrivés là, les jeunes prennent le (5. minche) __________ à droite et se retrouvent en face de la mystérieuse maisonnette. De loin, ils ont vu une Renault (6. terve) __________ garée à proximité de là.

«Tiens une Renault Espace! Le numéro de la *plaque d'immatriculation* se termine par un 75. C'est une voiture de Paris. Notre peintre du dimanche n'est donc pas d'ici!» déduit François.
Ils s'approchent de la maison avec beaucoup de précaution et se

cachent dans un buisson situé en dessous d'une fenêtre. Ils essaient prudemment d'observer ce qui se passe à l'intérieur. Ils *distinguent* une grande table sur laquelle il y a plusieurs pots de peinture, des pinceaux, de gros livres d'art grand ouverts avec des photographies en couleur de tableaux et le plan d'un célèbre musée parisien. Un petit homme blond aux cheveux très bien coiffés leur tourne le dos. Il est debout devant une grande *toile* fixée sur un chevalet et *éclairée* par des projecteurs de lumière. Il porte des *gants en caoutchouc* et une blouse blanche sans aucune tache de peinture. Il tient la photo d'un tableau dans la main gauche et un tout petit pinceau dans celle de droite. Il examine la photo qui est assez grande avec *beaucoup de minutie* et ajoute un petit point de couleur sur la *toile*.

Übung 24: Vervollständige die Sätze mit ***beaucoup, beaucoup de, beaucoup d'*** *und* ***très****!*

ÜBUNG 24 !

1. François a _______________ copains.
2. Elisabeth parle _______________.
3. _______________ avions *décollent*.
4. Il fait _______________ chaud.
5. Monsieur Jacques travaille _______________.
6. François conduit _______________.
7. Elisabeth est une fille ____________ sympahique.

De temps en temps, il va chercher plus de peinture dans un pot qui est sur la table ou alors il tourne la page d'un des livres pour regarder la reproduction d'un certain tableau. On peut alors mieux voir son visage. C'est un homme d'une quarantaine d'années. Il a de petits yeux bleus, porte une barbe et a un air sévère et très concentré. Sa coiffure et sa barbe sont impeccables. Il se tient toujours très droit et ne ressemble pas du tout à un artiste-peintre mais plutôt à un scientifique, un médecin peut-être.

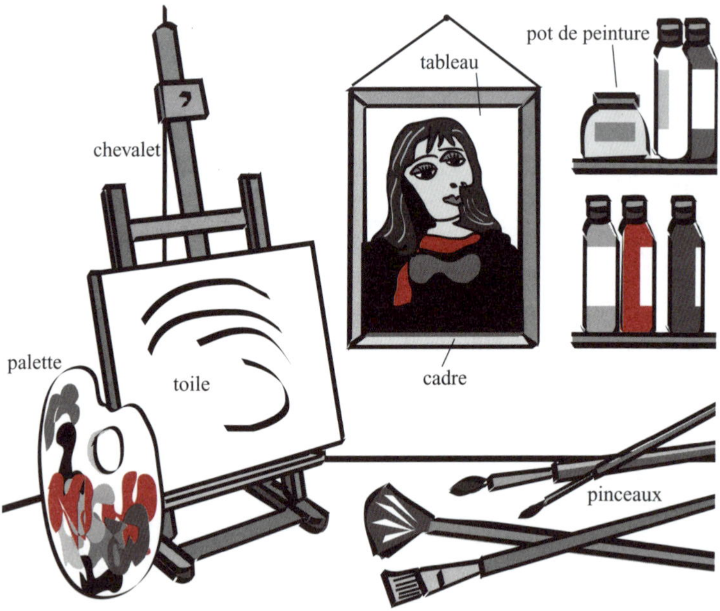

Le tableau qu'il est en train de peindre représente un visage de femme qui pleure. On dirait que le visage est cassé. Ce n'est pas un tableau réaliste mais une peinture très moderne avec beaucoup de couleurs et des formes bizarres: la femme est en même temps de profil et en face. Le mouchoir est difficile à reconnaître et les mains sont très simplifiées. Il n'y a que les larmes qui, elles, sont faciles à identifier.

«C'est un célèbre tableau de Picasso, murmure Mathilde. Son titre

est ‹La femme qui pleure›, mais il ne fait pas partie de la collection du musée d'Antibes. Je crois qu'il est dans un musée à Paris.
– Oh regardez! Il y a un autre type au fond de la pièce, dit Tobias.
– Il n'a pas vraiment l'air d'être un artiste», ajoute François.
Il y a effectivement une deuxième personne dans la maisonnette. Il porte une *chemise à carreaux* aux manches courtes et un jean. Sa stature est impressionante: il fait sûrement plus de deux métres et ses mains sont énormes. Il traverse la pièce avec de grands paquets. Il prend un couteau et *débarrasse* rapidement les paquets de leur emballage. On voit des tableaux représentant des figures incompréhensibles avant que l'homme les pose contre le mur.
Mathilde est fascinée par le jeu des images. Ses camarades l'entendent murmurer: «La Joie de vivre, Satyre, Faune et Centaure au trident, La Femme aux oursins, La Chèvre …
– Comment, tu connais le nom de tous ces tableaux? lui demande Tobias.
– Mais oui, bien sûr. Tu ne rappelles pas? Ce sont les mêmes qu'au musée d'Antibes.
– Les mêmes? *Comment ça*, les mêmes? Ils existent en double?
– Mais non, tu ne comprends rien. Ce sont les originaux évidemment.
– *Comment ça*? demande Tobias.
– Et bien, c'est très simple: comme le tableau à la tache rouge, les copies produites dans cet atelier sont faites pour remplacer les originaux un à un. Nos *soupçons* se confirment, lui répond Mathilde. C'est bien une bande de *faussaires* et ils ont sûrement provoqué la *coupure de courant électrique* de l'autre jour. Vous vous rappellez?
– Oui, oui, dit Tobias avec un sourire gêné.
– Nous étions en discothèque et tout à coup il y a eu un black-out sur la ville. Ces bandits ont donc pu tranquillement voler ces originaux et les échanger par des faux. Le tableau de ‹La femme qui

pleure› va sûrement remplacer un original dans un autre musée. Ils préparent donc d'autres actions du même genre.
– Chut! Regardez ce qu'il fait, dit Elisabeth.
– Mais il est complètement fou!» s'exclame Mathilde.

! ÜBUNG 25

Übung 25: Setze die richtige Präposition ein!
(avec, d', par, à, en, sur, derrière, avant)

Le *colosse* s'est emparé 1. __________ une de ces *toiles* et semble l'*arracher* de son cadre mais il est simplement 2. __________ train de retirer les *agrafes* une 3. __________ une 4. __________ un couteau. Puis il se met 5. __________ enrouler les *toiles* les unes avec les autres 6. __________ de les *ficeler* ensemble. Fascinés 7. __________ cette scène étrange Tobias, Mathilde et son frère se rapprochent un peu de la fenêtre. «Hé, je ne vois plus rien!» proteste Elisabeth qui est restée 8. __________ les trois autres. Elle essaie en vain de se faire une place, en a finalement assez d'attendre et fait un geste pour *écarter* Tobias mais elle *trébuche* 9. __________ une racine qu'elle n'a pas vue.

Elle tombe en avant et *se cogne* la tête contre la vitre de la fenêtre. Le peintre se retourne rapidement et voit les yeux grand ouverts et les visages *effrayés* des quatre jeunes. L'homme au couteau se relève et court vers la fenêtre.

«Lucien, qu'est-ce que c'est que ces *gamins*?» crie-t-il au petit homme à la blouse blanche. Il lui montre la fenêtre et les visages blancs de peur des quatre jeunes. Ceux-ci peuvent maintenant bien *distinguer* le visage de ce dernier personnage. Une grande *cicatrice* traverse son visage. Il a les yeux de travers et un nez de boxeur. Son regard est méchant et sa chemise déboutonnée jusqu'au troisième bouton laisse entrevoir un *tatouage*. Il n'a pas l'air très sympathique.
Prise de panique, Elisabeth pousse un cri.
«Vite, sauvons-nous!» crie François. Pendant qu'ils courent le plus vite possible, ils entendent la porte de la maison s'ouvrir et une grosse voix leur crier: «Arrêtez-vous, petits *morveux*!»
– Robert, calme-toi, ce ne sont que des *gosses*! dit Lucien.

Übung 26: Welche Übersetzung der Wörter stimmt? Kreuze die richtige Lösung an!

1. *gosse*
   a) ☐ Gasse
   b) ☐ Göre
   c) ☐ Gießkanne

2. coffre
   a) ☐ Waffel
   c) ☐ Kofferraum
   b) ☐ Koffer

3. gymnase
   a) ☐ Gymnasium
   b) ☐ Jungenschule
   c) ☐ Turnhalle

4. brave

a) ☐ bravo
b) ☐ tapfer, mutig
c) ☐ brav

5. *vachement*

a) ☐ wie eine Kuh
b) ☐ absolut, voll *fam*
c) ☐ schrecklich

– Oui, mais ils en ont trop vu. Je suis sûr qu'ils ont très très bien compris ce que nous faisons ici. On ne peut pas les laisser partir comme ça. Il faut absolument les rattraper.
– Ils ne peuvent pas aller bien loin. Il y a un *grillage* au fond de ce chemin et derrière il n'y a pas de sortie possible puisque c'est le bord de la *falaise*. Ils ne vont pas pouvoir passer et sont obligés de revenir en arrière.
– Allons-y! On les aura, ces petits *salopards*!»

ÜBUNG 27 !

Übung 27: Unterstreiche die sechs Sätze, die inhaltlich nicht zum Text passen!

Mathilde, Elisabeth, François et Tobias courent à toute vitesse sans réfléchir sur la direction à prendre. Monsieur Jacques se lève tôt le matin. Ils ne remarquent pas qu'ils se trompent complètement et finissent par se retrouver devant un grand *grillage*. Impossible d'aller plus loin. Elisabeth mange une grande glace. Derrière eux, ils entendent déjà les voix des deux hommes et voient la lumière de leur lampes de poche se rapprocher de plus en plus. Ils vont au supermarché pour acheter des cerises.

«Hé, il y a un trou ici, dit François tout excité, mais il est trop petit: on ne pourra pas passer, ajoute-il d'une voix déçue.
– Il faut bien essayer. C'est notre seule chance, dit Mathilde. Allez Tobias, vas-y en premier: tu es le plus *mince* d'entre nous. J'aime bien quand tu joues de la guitare.
Tobias fait non de la tête mais Mathilde le pousse rapidement vers le trou. Il fait de la natation. Il doit se mettre à plat ventre par terre et *ramper* pour pouvoir passer par le trou. François mange des cerises. Il est presque passé de l'autre côté mais il reste bloqué à la hauteur des *hanches*.

La poche arrière de son jean est restée *coincée* dans le *grillage*. Les deux hommes ne sont plus qu'à quelques pas de distance. Leurs lampes de poche *éblouissent* Elisabeth qui n'arrête pas de crier.
«Il faut qu'on *fiche le camp* sinon ils vont nous avoir!» crie François. Tobias a tellement peur qu'il perd presque conscience. Il essaie tout de même de s'en sortir en *rampant* en avant. Ses bras lui font mal. En fait, il a mal partout car il n'est pas du tout habitué à un tel effort physique. Il entend la voix grave de l'homme armé juste derrière lui: «Hé, ils courent par là-bas. On y va!»

Übung 28: Setze den unbestimmten Artikel ein!

ÜBUNG 28 !

En faisant 1. _____ dernier effort, Tobias s'accroche à 2. _____ branche d'arbre et tire de toutes ses forces. Sa poche se déchire d' 3. _____ seul coup et il peut se sauver par le trou. Il est dehors. Il voit les bandits emmener les trois autres à la maisonnette. Pendant 4. _____ instant, il pense à crier mais il réfléchit et comprend qu'il représente maintenant leur dernière chance. Il faut qu'il les libère et le plus vite possible. Qui sait ce que ces *brutes* sont capables de faire? Mais comment pourrait-il faire? L' 5. _____ des deux bandits semble assez dangereux. Tobias ne peut donc pas aller tout seul à la maisonnette. C'est beaucoup trop dangereux. Il faut aviser les Perrier et appeler la police. Tobias se met à courir mais heureusement pour lui, il se rend compte dans l'obscurité de la nuit qu'il y a 6. _____ *gouffre* juste devant lui.

C'est alors qu'il comprend qu'il est sur la *falaise* que Mathilde lui avait montrée il y a deux jours et où ils avaient découvert des pots de peinture jetés n'importe comment dans la nature. Le *grillage* qu'il vient de traverser sépare donc le terrain du bord de la *falaise*. Il y a une hauteur de plus de 20 mètres et on entend le bruit des vagues qui se brisent sur les rochers.
Que faire maintenant? Le seul chemin pour sortir de là passe juste devant la maisonnette. Il faut donc essayer de descendre la *falaise*!
«Quels vacances à haut risque! pense-t-il. Pourquoi a-t-il fallu que nous jouions au détective?»
Il rassemble son courage et commence à descendre la *falaise*.
«C'est plus haut que le plongeoir de la piscine municipale. Quand je pense que je n'ose jamais plonger de si haut!»
Il pense à Mathilde *capturée* par ces criminels et aussi, bien sûr, à Elisabeth et à François … Il commence à poser un pied et puis l'autre, s'accroche et commence à descendre en cherchant des *appuis* sur la *paroi rocheuse*.

Übung 29: Schreibe die Zahlen aus!

1. 20 ______________________________

2. 55 ______________________________

3. 100 ______________________________

4. 76 ______________________________

5. 99 ______________________________

6. 132 ______________________________

Pendant ce temps, les trois autres sont *ligotés* et *baillonnés* dans un coin de la maisonnette. Ils ne peuvent rien faire pour sortir de là malgré tous leurs mouvements de révolte. On leur a enlevé leur argent et leurs *portables*. Ils ont donc très peu de chances de pouvoir s'en sortir. L'*armoire à glace* n'arrête pas de tourner en rond comme un lion en cage. Il est très énervé d'avoir été surpris par les adolescents. Le petit peintre à la barbe blonde essaie de le calmer et lui propose:

«Allons discuter dans la voiture, c'est plus discret. Je ne voudrais pas que les *gosses* nous entendent.

– O.K.», répond Robert.

Robert et Lucien, les deux *ravisseurs*, sont assis dans leur voiture et personne ne peut plus les entendre. Robert est très énervé:

«Il va falloir faire vite. Plus le temps passe, plus on risque de *se faire repérer* à cause de ces sales *gosses*. Leurs parents ont peut-être déjà signalé leur absence.

– Robert, tu ne crois pas qu'on pourrait tout simplement les libérer? demande Lucien. Ils ne s'y connaissent peut-être pas du tout en art et ne savent même pas qui est Picasso. Après tout, ce ne sont que des *gosses*.

– Non, mais tu plaisantes ou quoi? Tu penses vraiment que ces jeunes-là ne savent pas reconnaître tout de suite un Picasso?

– Tu crois?

– Mais bien sûr. De toute façon, maintenant c'est trop tard: ils en ont trop vu et on ne peut pas les laisser ici. Ce serait trop dangereux. Maintenant, il va falloir absolument les emmener avec nous. Il faut se dépêcher: on a encore beaucoup de travail devant nous.

ÜBUNG 30

Übung 30: Setze die Verben in Klammern in der richtigen Form ein!

– *Quoi*, tu (1. vouloir) __________ emmener les *gamins* avec toi? Tu n' (2. être) __________ pas sérieux! On (3. aller) __________ *se faire repérer* tout de suite! (4. s'exclamer) __________ Lucien.

– Je n' (5. avoir) __________ pas dit que je voulais me promener tout le temps avec eux. Je te (6. dire) __________ qu'on ne (7. pouvoir) __________ pas les laisser là et qu'il (8. falloir) __________ que nous *nous* en *débarrassions*.

– Comment (9. vouloir) __________-tu faire ça?

– Ne (10. s'inquiéter) __________ pas, Lucien, j'ai ma petite idée! Je m'en occupe, dit Robert avec un sourire en coin. Rassure-toi: leur voyage (11. être) __________ très court! *Allez, viens*. On va d'abord ranger toute la baraque.»

Aussitôt dit, les *ravisseurs* se mettent à *plier leurs bagages* et à mettre toutes les *toiles*, le chevalet et les livres dans leur voiture. Une fois la maisonnette vide, les deux criminels y retournent et aident les adolescents à se mettre debout et à entrer dans la voiture tout en étant *ligotés*.

Au même moment, Tobias a déjà descendu la moitié de la *paroi rocheuse* et essaie de s'accrocher pour continuer la descente. Des gouttes de sueur coulent sur son front. Il pose son pied pour *s'appuyer* mais les pierres tombent tout de suite et il perd son *appui*. Il ne peut plus que s'accrocher à une branche de buisson et à une *touffe d'herbe*.

«Je n'en peux plus, se dit Tobias, je ne peux plus rester accroché: je vais craquer!»

Au même moment, la branche à laquelle il s'accroche se casse. Il tombe dans le vide!

Il en est tellement étonné qu'il n'a pas même le temps de crier. Il tombe, tombe et tout à coup on entend un grand ‹plouf›. Heureusement le *plongeon* a été assez réussi, Tobias ne s'est pas fait mal et

remonte vite à la surface pour respirer. Il nage très vite jusqu'à la plage des Perrier et fait un énorme effort pour remonter l'escalier de pierre.
Arrivé tout en haut, il court jusqu'à la maison des Perrier. Il sonne plusieurs fois mais personne ne répond. Tobias est surpris de voir que les lumières sont *éteintes*. Il n'y a personne à la maison. Il *cogne* très fort et on n'entend aucune réponse.
«Mais où sont-ils donc passés? pense-t-il. Il n'y a personne à une heure pareille! Ils ne peuvent pas être en train de dormir!»
C'est alors qu'il se rappelle que Mme Perrier a dit qu'ils étaient invités à prendre un verre chez des voisins.
«Il faut faire quelque chose et vite! Mais quoi?» Tobias est énervé et ne sait plus quoi faire. Il pense prévenir la police mais il se demande comment il va expliquer ce qui vient de se passer et surtout comment la police va réagir. Va-t-elle le croire?
Il décide de retourner à l'endroit où Mathilde avait garé son *scooter*. Il s'assied, *démarre* le moteur et va prévenir le commissariat de police d'Antibes car il sent qu'il faut agir très vite.

! ÜBUNG 31

*Übung 31: Vervollständige die Sätze mit **de, d'** oder **des**!*

1. Tu veux manger ______ cerises?

2. Combien ______ amis viennent?

3. Il n'y a pas ______ original au musée.

4. Tobias n'a plus ______ force.

5. Il faut un kilo ______ cerises pour faire un clafouti.

6. Avez-vous mangé ______ fruits?

«Heureusement que Mathilde laisse toujours la clé sur son *scooter*. Elle dit tout le temps que personne ne *se donnerait le mal de* voler un *truc* aussi vieux.» se dit Tobias.
Il sent le vent dans ses cheveux et est tout surpris de pouvoir conduire un *scooter* car c'est la première fois qu'il le fait. Il *accélère* car chaque minute compte et il s'inquiète beaucoup pour sa sœur et leurs deux amis français.

Übung 32: Finde die Synonyme zu den Wörtern in Klammern im Text!
(automobile, croisement, auberge, littoral, tenter)

Pendant ce temps, la voiture des *ravisseurs* a démarré. Robert conduit d'un air décidé. La Renault Espace traverse le carrefour où se croisent les routes qui donnent accès à l'Hôtel Majestic-Roc et à la maison des Perrier mais la voiture continue tout droit jusqu'au croisement avec la route nationale qui *longe* la côte. François est assis à gauche sur la banquette arrière et essaie en vain d'apercevoir la maison de ses parents. Mais il sait bien qu'on ne peut pas la voir de la route car leur maison est située un peu plus bas et se trouve donc cachée par le relief. Tous les trois se demandent ce que font les Perrier.

La voiture des deux *ravisseurs* prend la route nationale et contourne donc le grand parc de l'Hôtel Majestic-Roc en se dirigeant vers l'Est. Ils passent juste devant le grandiose portail de l'hôtel. Au-dessus de la façade de l'hôtel brillent de grandes lettres illuminées qui signalent le nom de l'hôtel à tous les voyageurs de la nuit. Quelques palmiers soigneusement alignés et bien illuminés conduisent jusqu'à l'entrée de l'hôtel.

La Renault Espace quitte à nouveau la route nationale et tourne à droite dans un chemin très rocailleux en direction de la *falaise*. Robert *a éteint* les phares. Visiblement, il ne veut pas se faire remarquer. Il n'y a pourtant aucune maison près de ce chemin. C'est sûrement un paysage protégé car la *falaise* est toute proche. Le chemin devient de plus en plus difficile. Ce n'est pas la voiture idéale pour ce genre de terrain. Les trois amis sont très *secoués* même si Robert avance très lentement. Elisabeth a déjà mal au ventre et commence à *gémir*.

Übung 33: Vervollständige die Gegensätze!

1. vite	_ e n _ _ m e n t
2. grand	p _ _ _ _
3. bas	_ _ u t
4. dernier	_ _ _ m _ _ r
5. pleurer	_ _ r _
6. éloigné	_ r _ _ _ e
7. tôt	_ _ _ d

Tobias arrête le moteur du *scooter* et traverse la rue pour entrer dans le commissariat. Il y a beaucoup de voitures garées devant le commissariat et il se dit que c'est peut-être un jour spécial pour la police. C'est la première fois que Tobias va à la police. Comme il est très timide, il est un peu nerveux de devoir parler en français devant tout le monde.

Übung 34: Ordne den Ziffern im Bild die richtigen französischen Begriffe zu!
(ordinateur, écran, clavier, souris, téléphone, classeurs, clés, perforatrice, stylo, crayon)

Avant de rentrer à l'intérieur, il reste un petit instant sur le trottoir et prépare dans sa tête quelques phrases qu'il voudrait utiliser. Grâce à Mathilde qui lui parle très doucement et lui explique tout, Tobias a fait de grands progrès en français mais de temps en temps il a tendance à penser dans sa langue maternelle, l' allemand, et après il faut traduire en français. Ce n'est pas facile et ce n'est sûrement pas une très bonne idée mais ce soir il est trop nerveux pour pouvoir penser en français. Il *jette un coup d'œil* à travers les *rideaux* des fenêtres du rez-de-chaussée, il ne voit rien de particulier: quelques agents écrivent des documents sur leurs ordinateurs et répondent au téléphone avec un air fatigué.

Il entre donc à l'intérieur du commissariat. Il y a un *guichet*.
De l'autre coté de la vitre, un jeune agent de police lui dit tout de suite:
«Bonsoir, Monsieur.
– Bon… bonsoir», répond-il timidement.
– Je voudrais parler au … comm… au commissar… euh … au commissaire en chef, s'il vous plaît. C'est … c'est très urgent. On a enlevé ma sœur et deux amis et il faut … Il faut … faire vite. Il pourrait leur arriver quelque … quelque chose de grave.»

Tobias *balbutie* un peu. Non seulement il est timide et nerveux mais il se rend compte qu'il est complètement *mouillé*, que des gouttes d'eau tombent de ses vêtements. Il commence même à *trembler* de froid. Le policier du *guichet* a compris qu'il a besoin d'aide, il fait un signe à un collègue et dit à Tobias: «Mon collègue va s'occuper de vous. Vous pouvez le suivre.»

ÜBUNG 35 !

Übung 35: Setze die Verben in Klammern in der richtigen Form ein!

Une porte (1. s'ouvrir) ____________ et un autre agent de police (2. apparaître) __________. Il est plus âgé que le premier et a des cheveux bruns, un gros ventre et un visage sympathique avec une grande moustache.

«Par ici, jeune homme. (3. asseoir) ____________-vous. On va vous apporter une serviette et une couverture. Vous (4. avoir) __________ envie d'une bonne tasse de thé?

– Il faut tout de suite prévenir le commissaire, Monsieur l'agent. Ma sœur et mes amis (5. être) __________ en danger», lui répond Tobias plein d'anxiété.

Pendant ce temps, le commissaire Boirillon est en réunion avec de nombreux agents dans une salle au premier étage. Il les a tous *convoqué* pour (6. discuter) __________ de la sécurité de la fête de jubilé de l'année Picasso qui aura lieu à Antibes.

Le maire de la ville et Mme Goujon, la directrice du Musée d' Antibes, ont en effet décidé d'organiser une grande manifestation culturelle. Picasso (7. aimer beaucoup) ________________ toute la région et celle-ci voudrait donc lui rendre hommage avec une grande fête. De nombreuses personnalités du monde de la politique et de la culture (8. être présent) ___________________ et le comissaire Boirillon est responsable de la sécurité.

Le commissaire est un homme d'une soixantaine d'années à la moustache et aux cheveux blancs. Il est assez grand, large d'épaules et est très bien habillé. Il porte un élégant costume gris. Malgré son gros ventre, il a gardé un air sportif. Son regard est *perçant.* Les agents écoutent avec attention ce qu'il est en train de dire. Il est debout devant une grande carte de la ville. Il montre certains points sur la carte avec une grande règle. Les agents boivent beaucoup de café et fument des cigarettes. Un grand nuage de fumée grise *flotte* au-dessus des participants.

Tout à coup la porte s'ouvre et un agent se dirige vers le commissaire:

«Inspecteur, il y a un jeune complètement *trempé* qui demande à vous parler. Cela semble urgent.

– Bon, j'arrive!» lui répond-il. Puis, il se tourne vers le public et ajoute: «Messieurs, je vous prie de m'excuser mais le devoir m'appelle. Je laisse donc la parole à Monsieur Bouzillard qui va vous présenter le calendrier des festivités.»

Ils descend les escaliers avec le policier qui est venu le chercher et lui demande:

– De quoi s'agit-il?

ÜBUNG 36 !

Übung 36: Die Wörter in Klammern sind falsch geschrieben. Verbessere sie!

– C'est une (1. histoir) ______________ d'*enlèvement* et de faux Picasso. Le jeune (2. omme) ________________ affirme que sa (3. soer) ______________ et deux de leurs (4. amies) _____________ ont été enlevés par une (5. bonde) ______________ de *faussaires*, lui explique celui-ci.

– Quoi, des *ravisseurs* à Antibes? Mais qu'est-ce que c'est que cette histoire? On aura tout vu! Des *rapts* à Antibes, *tiens, tiens* … J'ai l' (6. impresion) __________ qu'il va encore falloir ramener ce jeune homme chez ses parents», répond le (7. commissère) __________.

– Monsieur le Commissaire, le jeune homme en question nous semble sérieux. Nous lui avons déjà posé quelques questions et n'avons découvert aucune fausse information ou contradiction.
– Ça c'est ce qu'on va voir. J'aimerais lui poser quelques questions.
Il ouvre la porte de la salle où se trouve Tobias et est surpris en voyant Tobias, si grand et maigre, tout *mouillé* et *grelottant* de froid malgré la couverture qu'on lui a donnée.
«Hé bien, jeune homme, que se passe-t-il?» demande le commissaire avec un air sérieux.
Tobias n'arrive à *balbutier* que quelques mots:
«Il faut … faire vite … bandits … jardin. Ils veulent … *se débarrasser* de ma sœur Elisabeth et de Mathilde et François.
– Du calme, du calme. D'abord tu vas te calmer et ensuite tu nous racontes tout, d'accord?»

Übung 37: Schreibe die Wörter in Großbuchstaben um!

ÜBUNG 37 !

1. Ajoute une lettre au mot AGENT pour en faire une chose dont on se sert pour payer.

____

2. Change une lettre du mot MUR pour créer un autre nom pour océan.

____

3. Change une lettre de LAID pour en faire quelque chose à boire.

____

4. Change une lettre de PLACE pour en faire quelque chose à manger en été.

____

5. Ajoute une lettre à AVOIR pour obtenir le verbe de la connaissance.

____

«On va t'apporter une autre tasse de thé et puis je vais te poser quelques questions complémentaires. D'accord?
– D'accord», répond Tobias.
Un des agents qui a déjà interrogé Tobias donne une petite fiche au commissaire. Celui-ci lui fait un signe de la tête pour le remercier et regarde rapidement la fiche pendant que l'on apporte un autre thé à Tobias.
Il garde un air *méfiant* en lisant la fiche avec les premières informations de Tobias et commence à lui poser des questions:
«Depuis quand es-tu en France?
– Depuis une semaine, lui répond Tobias.
– Comment es-tu venu? En voiture?
– Non, non! Nous avons pris l'avion.
– Qu'est-ce que c'est que cette histoire de *faussaires*?
– Tout à commencé le jour où mon amie ... le jour où Mathilde Perrier a découvert une tache rouge sur un tableau de Picasso qui est au Musée d'Antibes.
– *Comment ça* une tache rouge?

Übung 38: Setze die Adjektive in die männliche bzw. weibliche Form!

männlich	*weiblich*
1. ________________	rouge
2. joli	________________
3. frais	________________
4. ________________	extrême
5. dernier	________________
6. vert	________________
7. ________________	sérieuse

– Elle a vu une vraie petite tache rouge sur le tableau ‹La Joie de Vivre›.
– Oh, vous savez les taches de couleur, ce n'est pas si rare en peinture moderne!
– Oui, mais c'est un tableau qu'elle connaît très bien. Elle va souvent au Musée d'Antibes voir les expositions. Elle a donc pensé que quelqu'un avait remplacé le tableau de Picasso par un faux.
– Vous n'avez pas l'impression d'exagérer un petit peu?
– Non, pas du tout. La preuve, c'est que Mathilde avait raison.
– *Comment ça*? lui demande le commissaire.
– Nous avons surpris les *faussaires* en train de travailler dans une maisonnette abandonnée sur une copie d'un tableau de Picasso. Le titre original est ‹La femme qui pleure›.
– Et comment avez-vous sû qu'il se passait quelque chose dans cette maisonnette abandonnée? insiste le commissaire.
– Nous avons suivi Pascal Santini. Il nous a mené jusqu'à cette mai-

sonnette. Le soir, nous avons vu qu'il y avait de la lumière et sommes allés voir ce qui s'y passait. Malheureusement ma sœur a fait du bruit et nous *nous sommes fait repérer*. Nous avons essayé de nous enfuir mais j'ai été le seul à réussir. Je crois qu'il ne m'ont même pas vu. Maintenant je me fais du souci pour les trois.
– Combien de personnes avez-vous vues en tout?
– Seulement deux.
– Est-ce qu'ils sont armés? demande le vieux policier.
– Nous n'avons vu aucune arme mais nous ne sommes pas entrés à l'intérieur pour vérifier», répond Tobias.

! ÜBUNG 39

Übung 39: Formuliere die Sätze in indirekter Rede!

1. «J'ai peur.»

   Elisabeth dit ______________________________.

2. «Où sont les *faussaires*?»

   Le commissaire Boirillon demande ____________________.

3. «Il faut que nous *nous débarrassions* de ces jeunes.»

   Robert remarque ______________________________

   ____.

4. «Qu'est-ce qu'on va faire?»

   Lucien demande ______________________________.

5. «Vous devez me croire.»

   Tobias dit ______________________________.

6. «Qui peut nous aider?»

   Elisabeth se demande ______________________________.

7. «Combien de personnes avez-vous vues en tout?»

   Le commissaire demande ___________________________

   ____.

Pendant que Tobias répond aux nombreuses questions du commissaire, le téléphone sonne et un agent de police répond à l'appel. C'est Monsieur et Madame Perrier qui téléphonent pour dire qu'ils ne savent pas où se trouvent leurs enfants Mathilde et François, ainsi que leurs hôtes Tobias et Elisabeth. Ils sont inquiets.
L'agent de police prend note de leur message et les rassure en leur disant que la police est déjà en train d'enquêter sur cette affaire. Il leur dit aussi que Tobias est là et qu'il est en train d'aider la police. Il termine en disant qu'ils seront informés sur la situation des jeunes dès que possible.

Après la réception de cet appel, le commissaire Boirillon commence à *se gratter* les oreilles. Il se dit que l'histoire que Tobias lui raconte est peut-être vraie. Il demande une voiture, appelle deux autres agents de police pour l'accompagner et décide d'aller tout de suite essayer de sauver Elisabeth, Mathilde et François.
Tobias et le commissaire sortent ensemble du commissariat. Une voiture de police s'arrête devant eux pour les emmener. Les deux agents sont déjà assis sur les sièges avant et Tobias et le commissaire prennent donc place sur la banquette arrière.

Monsieur et Madame Perrier sont en robe de chambre dans leur salle à manger et ne quittent pas le téléphone des yeux.

ÜBUNG 40 !

Übung 40: Finde das passende Wort zu jeder Beschreibung! Trage die entsprechende Nummer in das Kästchen ein!

1. la salle où on prend les repas	☐ un ouvre-boîte
2. un vêtement qu'on *enfile* le matin	☐ un appareil-photo
3. on l'utilise pour ouvrir une boîte	☐ un tire-bouchon
4. il sert à faire des photos	☐ un gratte-ciel
5. on l'utilise pour ouvrir une bouteille de vin	☐ un porte-manteau
6. un très grand immeuble	☐ la salle à manger
7. on y accroche les vêtements	☐ une robe de chambre
8. on l'utilise pour peintre	☐ une règle
9. on l'utilise pour tracer des lignes	☐ un pinceau

Toutes les lumières de la maison sont allumées comme pour signaler que tout le monde est éveillé et en attente. La police leur a dit qu'ils seraient informés en premier sur le destin des jeunes. Ils savent déjà que Tobias va bien et qu'il accompagne le commissaire Boirillon dans ses recherches. Ils espèrent que rien n'est arrivé aux trois autres adolescents.

Monsieur Perrier réunit tout son courage et décide de téléphoner chez les Naumann, les parents d'Elisabeth et de Tobias. Il prend le combiné de son téléphone et compose l'*indicatif* de l'Allemagne puis le numéro des Naumann.
«Hallo, Peter Naumann am Apparat.»
Une voix très *ensommeillée* se présente à l'autre bout du fil.
Il est déjà tard dans la nuit et les Naumann aiment se coucher très tôt.

«Allô, Peter? C'est Pierre-Emmanuel Perrier à l'appareil. Je suis désolé de vous réveiller à une heure pareille mais j'ai de graves nouvelles à vous annoncer!
– Il s'est passé quelque chose avec les enfants? demande-t-il aussitôt, un accident?

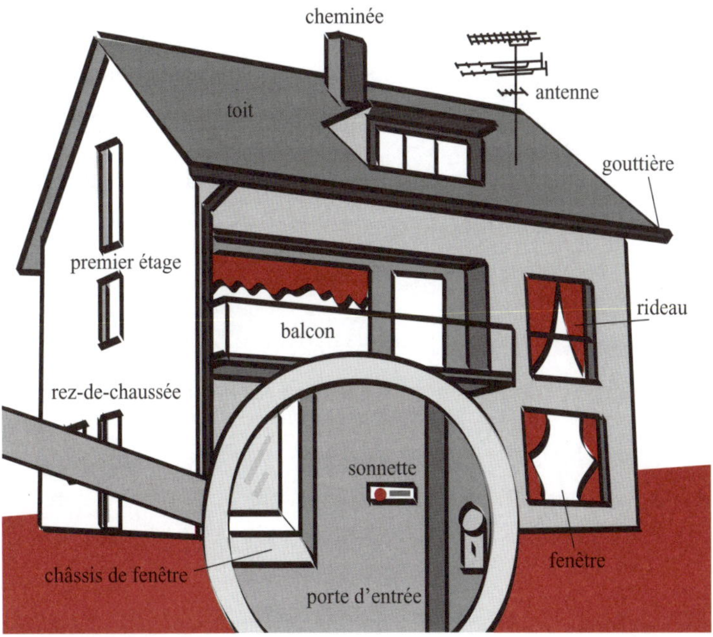

– Non, pas du tout. Ils ont tout simplement disparu. Nous les avons attendu assez longtemps et avons finalement décidé d'avertir la police.
– Que dit la police? demande Monsieur Naumann.
– Pas grand chose mais ils ont déjà retrouvé Tobias. Je peux vous dire qu'il va bien.
– Et Elisabeth?

Übung 41: Setze den richtigen bestimmten Artikel ein!

– Nous n'avons toujours pas de nouvelles d'Elisabeth, de Mathilde et de François. Ils ne doivent pas être très loin. Je ne sais pas ce qui leur a pris de faire une *escapade* en pleine nuit. Nous avons tous dîné ensemble ce soir et tout allait très bien. Ce n'est qu'en allant nous coucher que nous avons vu que leurs chambres étaient désertes. Ils sont sortis sans rien dire par 1. _____ porte de derrière. Je ne voudrais pas *semer* 2. _____ *panique* mais je tenais à vous informer de 3. _____ situation.

– Je vous remercie Monsieur Perrier. Je suppose qu'ils sont allés se promener un petit peu. Je pourrais parler à Tobias, s'il vous plaît?

– C'est que … votre fils n'est pas encore là. Il semble aider la police à faire ses recherches!

– Mon fils aide 4. _____ police à faire 5. _____ recherches! Hmmm, ça m'a 6. _____ air plus sérieux que je ne pensais.

– Je vous tiens au courant dès qu'il y a du nouveau!

– Oui, je vous en prie. Je commence à me faire du souci. Vous pouvez m'appeler à n'importe qu'elle heure. J'attends de vos nouvelles avec impatience.

– Espérons que tout cela ne dure pas trop longtemps! J'espère pouvoir vous rappeler bientôt avec de meilleures nouvelles.

– Oui, espérons-le. Je vous remercie pour votre appel. Vous avez bien fait de nous informer même si nous ne pouvons pas faire grand chose.

– Au revoir, Monsieur Naumann.
– Au revoir et merci Monsieur Perrier. Saluez votre femme de ma part.»

Quand la voiture de police arrive à la maisonnette, la voiture des *faussaires* n'est plus là. Il ne reste plus que des traces de pneu. Le commissaire demande aux deux agents de police qui sont venus avec eux de rentrer très discrètement à l'intérieur de la maisonnette et de voir si les trois jeunes sont encore là.
Les agents de police sortent leur pistolet et rentrent avec beaucoup de précaution à l'intérieur de la maisonnette qui a l'air complètement abandonnée.

Übung 42: Unterstreiche im folgenden Textabschnitt die Gegenteile der Wörter in Klammern!
(extérieur, personnes agées, courts, noir, frère, grande maison)

Malheureusement, les trois adolescents ne sont plus à l'intérieur. L'intérieur de la maisonnette a été vidé. Il n'y a plus de chevalet, ni de toiles, ni de pots de peinture ou de livres d'art. Le commissaire retrouve un morceau de facture du magasin de matériel de Beaux-Arts de la rue Victor-Hugo. Un des policiers retrouve un *élastique* rose avec deux longs cheveux blonds enroulés. Tobias reconnaît l'*élastique* de sa sœur et ne peut empêcher une larme de couler.

Le commissaire interroge Tobias sur la voiture des *ravisseurs*:
«Dites-moi, jeune homme, vous rappelez-vous la marque de leur voiture? Il y a plusieurs traces ici et vous pouvez sûrement nous en dire plus!
– Oh, je ne m'intéresse pas aux voitures. J'ai une très mauvaise

mémoire pour ce genre de choses. Mais attendez … C'est un grand *break,* une voiture familiale … de couleur verte …
– Très bien, de couleur verte, la marque est française, allemande ou autre?
– Française, je crois. Oui, ça me revient. François a dit que c'était une Renault.
– Une Renault Espace, alors?
– Oui, je crois que c'est ça, une Renault Espace de Paris. La *plaque* se termine par 75. C'est bien le numéro des voitures parisiennes?
– C'est exact Tobias et ça correspond aux dernières traces de pneu que l'on peut voir là.»
Le commissaire se dirige vers la voiture et contacte le commissariat par *radio*: «Attention, attention! Alerte à toute la police de la région! Nous recherchons une Renault Espace verte de Paris, pleine de matériel de peinture et de faux tableaux. Je répète: Renault Espace verte de Paris. Attention: les deux individus qui la conduisent sont dangereux. Voici leur description: un petit blond avec une barbe et un grand brun avec une *cicatrice* sur le visage. Roger.»

ÜBUNG 43 !

Übung 43: Übersetze!

1. Haargummi ____________________
2. Träne ____________________
3. Alarm ____________________
4. Entführer ____________________
5. Spuren ____________________
6. Anruf ____________________

7. wiederholen ____________________

8. per Funk ____________________

Non loin de là, de l'autre côté de l'Hôtel Majestic-Roc, François comprend ce que les deux criminels ont l'intention de faire. Il connaît la ‹grotte aux pirates› qui se trouve en bas du chemin qu'ils sont en train de descendre. Il essaie de se *démener* mais les trois jeunes sont maintenant *ligotés* les uns aux autres et plus il bouge plus la corde se reserre autour des trois. Mathilde a mal et fait signe à François de se calmer.

Les bandits les abandonnent rapidement dans la grotte car la *marée* est déjà haute et les premières vagues commencent déjà à entrer.

Les trois amis se retrouvent donc tout seuls.

Elisabeth est si nerveuse qu'elle n'arrête pas de *gémir*. Mathilde, elle, est très calme. Elle attend un peu d'être sûre que les deux *faussaires* soient partis. Au moment même où une grande vague entre dans la grotte, elle libère ses *poignets*. Très vite, elle enlève toutes les cordes qui entourent ses bras et son corps. Elle arrache le *pansement* qu'elle a sur la bouche et aide François et Elisabeth à se libérer.

«Comment as-tu réussi à te libérer? La corde était *super* serrée! demande François très surpris par sa petite sœur.

– Ah, mais c'est un vieux *truc* de détective. Il suffit de savoir bien placer ses *poignets*! Tu vois ça peut toujours servir de lire des *romans policiers*!»

Mathilde se tourne vers Elisabeth qui a mal partout: «Vite Elisabeth, dépêche-toi!

– Oh, je n'en peux plus. Je ne bouge plus d'ici, dit-elle en *s'appuyant* sur la *paroi* de la grotte.

– Tu as le choix: ou tu restes ici et tu meurs noyée ou tu viens avec nous! *réplique* Mathilde d'une voix sévère.

Elisabeth est convaincue et suit Mathilde et François. François connaît la grotte et aide les deux filles à en sortir. Il était temps! A certains endroits, l'eau leur arrive déjà aux genoux! Ils remontent la *falaise* en faisant bien attention à ne pas rencontrer leurs *ravisseurs*. Arrivés tout en haut, la voiture n'est plus là. Tout indique donc que les deux *escrocs* se sont dépêchés de partir le plus vite possible.

! ÜBUNG 44

Übung 44: Sind die folgenden Aussagen richtig? Markiere mit richtig ✔ oder falsch –!

1. Mathilde est très nerveuse. ☐
2. La grotte se remplit peu à peu d'eau. ☐
3. François peut se libérer tout seul. ☐
4. Elisabeth veut rester dans la grotte. ☐
5. Mathilde connaît un *truc* de détective pour se libérer. ☐
6. Les *ravisseurs* attendent les enfants à la sortie de la grotte. ☐

Les trois amis respirent de *soulagement*. François a une idée.
«Bon, les filles, il faut très vite aller prévenir la police. L'Hôtel Majestic-Roc n'est pas loin. J'y vais tout seul pour aller plus vite. Vous feriez mieux de vous cacher derrière un buisson. On viendra vous chercher plus tard. Vous pouvez en profiter pour vous reposer.
– Mais je ne veux pas rester ici, moi», proteste Elisabeth.
Mathilde la rassure et François se met déjà à courir en direction du Majestic-Roc. Il rejoint la route nationale et arrive tout essoufflé devant le portail du grand hôtel.
A l'intérieur, les derniers couples en *tenue de soirée* quittent le piano-bar. Le vieux pianiste joue les derniers accords. Il ne reste plus que quelques touristes britanniques assis dans de grands fauteuils *en cuir* en train de terminer leur cigares.

Übung 45: Nenne die richtige Verkleinerungsform!

ÜBUNG 45 !

1. maison maisonnette
2. fille __________
3. cloche __________
4. table __________
5. boule __________

André, le maître d'hôtel, vient tout de suite à sa rencontre:
«Bonsoir Monsieur, puis-je vous être utile? lui demande-t-il.
– Est-ce que je peux me servir de votre téléphone, s'il vous plaît?

C'est pour un appel urgent.
-Mais bien sûr, Monsieur. Je vous en prie.»
François prend le combiné du téléphone et compose le numéro de la police.
«Commissariat de Police, bonsoir Monsieur.
– Bonsoir, Monsieur. Je voudrais parler au commissaire, s'il vous plaît. C'est très urgent.
– C'est de la part de qui?
– François Perrier à l'appareil.
– Perrier? François Perrier, un instant, je vous prie. … Ah, le commissaire Boirillon est justement en train de vous rechercher partout. Dites-nous où vous vous trouvez. Je vais prévenir le commissaire par *radio*.
– Je suis à la réception du Majestic-Roc. Faites attention: nos *ravisseurs* sont en train de quitter la région dans une Renault Espace verte avec une *plaque d'immatriculation* parisienne.
– C'est noté. Je transmettrai le message au commissaire.
François soupire de *soulagement* car il sait que la police va sûrement ratrapper les deux hommes qui ont voulu *se débarrasser* d'eux.

! ÜBUNG 46

Übung 46: Vervollständige die Sätze mit ***qui, que, qu'*** *oder* ***dont****!*

1. La glace est un dessert ______ plaît à tous.
2. Mathilde montre à Tobias le tableau ______ elle aime le plus.
3. François a une *planche* ______ il est très fier.
4. Tobias est un garçon ______ ne parle pas beaucoup.
5. Elisabeth a enfin acheté la robe ______ elle rêvait.
6. Monsieur Boirillon achète les fleurs ______ sa femme préfère.

Tobias est en train d'expliquer au commissaire comment il a réussi à s'enfuir par un trou du *grillage* quand ils reçoivent la nouvelle que François *est sain et sauf*. Tobias et le commissaire sont très contents de savoir que François a été retrouvé. Tobias saute de joie. Ils retournent alors jusqu'à la maisonnette où la voiture est garée pour aller immédiatement à l'hôtel Majestic-Roc. Les deux agents restent et continuent de chercher de nouveaux indices.

François est tellement excité qu'au lieu d'attendre quelques minutes de plus jusqu'à ce que le commissaire arrive avec Tobias, il décide tout de suite de courir chercher sa petite sœur et son amie Elisabeth car il se fait du souci pour elles. Il imagine qu'elles sont restées cachées derrière un buisson et qu'elles l'attendent patiemment dans l'obscurité.

Mais ces deux filles sont vraiment impatientes et ni l'une, ni l'autre n'a eu envie de se reposer derrière un buisson comme l'avait proposé François. Surtout Elisabeth qui n'aime pas les bruits bizarres que font tous les animaux pendant la nuit.

Les voilà donc qui arrivent elles-aussi à l'entrée du parc de l'hôtel.

«Hou, hou, François, nous voilà!» lui lancent les deux filles.

François court vers elles. Ils *s'embrassent* tous car ils sont très heureux de se retrouver en sécurité.

– Quoi, vous êtes déjà là, vous! s'exclame François. J'allais justement vous chercher! Je me faisais du souci pour vous.

– Oh, mais c'est gentil de ta part, lui répond Elisabeth avec un sourire.

– Comme tu vois ce n'est plus nécessaire: nous sommes déjà là! lui *réplique* Mathilde avec un air un peu moqueur.

– Vous avez été rapides!

– C'est comme ça les filles, tu sais, continue Mathilde.

– On n'avait aucune envie de rester une minute de plus cachées derrière un buisson. Comme il n'y a aucune maison dans le coin, c'est vraiment l'endroit parfait pour se faire *assassiner*! affirme Elisabeth.

! ÜBUNG 47

Übung 47: Finde das passende Synonym und trage die richtige Nummer in das Kästchen ein!

1. tuer	☐ gentil
2. rapide	☐ lieu
3. endroit	☐ arbuste
4. sympathique	☐ vite
5. buisson	☐ *assassiner*
6. voiture	☐ étrange
7. bizarre	☐ glace
8. miroir	☐ automobile

– Je vous avais dit de rester car je trouvais un peu risqué de se montrer tout de suite. Les deux types pourraient ne pas être loin. Ils sont partis si vite que j'ai même pensé qu'ils nous avaient tendu un *piège* et qu'ils nous attendaient peut-être en haut de la *falaise*. Bon, je vois que vous allez bien et j'en suis très heureux. Vous avez bien fait de venir ici. Le commissaire Boirillon va tout de suite arriver. Et devinez qui est avec lui?

– Tobias? demandent Mathilde et Elisabeth avec un air *incrédule*.

– Affirmatif!

– Oh, super! disent les deux filles en même temps.

– Je suis bien curieux de savoir comment il a réussi à aller prévenir la police sans passer devant la maisonnette.

– Il a peut-être descendu la *falaise* tout seul, dit Mathilde.

– C'est impossible, dit François. La *falaise* tombe vraiment *à pic* à

cet endroit. C'est tellement dangereux qu'il y a un *grillage* de protection.
– Ah, je suis heureuse qu'il ne lui soit rien arrivé!» dit Elisabeth en soupirant de *soulagement*.
François les accompagne jusqu'à la porte de l'hôtel.
«Tu es sûr que nous pouvons entrer? Je suis plutôt mal habillée et mes cheveux sont tous décoiffés», lui demande Elisabeth.
François la rassure et leur présente André qui est venu à leur rencontre. André a en effet deviné que les trois adolescents viennent de vivre un moment difficile et il les *comble* en leur offrant des cocktails de fruits tropicaux dans la grande salle de réception de l'hôtel.

Übung 48: Welche Übersetzung stimmt?
Kreuze die richtige Lösung an!

1. framboise
   a) ☐ Johannisbeere
   b) ☐ Brombeere
   c) ☐ Himbeere

2. myrtille
   a) ☐ Heidelbeere
   b) ☐ Stachelbeere
   c) ☐ Preiselbeere

3. menthe
   a) ☐ Mandel
   b) ☐ Minze
   c) ☐ Muskat

4. noisette
   a) ☐ Haselnuss
   b) ☐ Walnuss
   c) ☐ Erdnuss

5. poire
   a) ☐ Pfirsich
   b) ☐ Birne
   c) ☐ Quitte

6. cerise
   a) ☐ Kirsche
   b) ☐ Mirabelle
   c) ☐ Pflaume

La décoration de cette salle ressemble à un décor de film hollywoodien. Les murs sont *tapissés de soie* verte. De gigantesques tableaux classiques aux cadres dorés *ornent* les murs. Les meubles sont plutôt baroques avec beaucoup de bois doré et de *tissus* à fleur. Il y a un énorme *lustre en cristal* au milieu de la salle.
Mathilde, François et Elisabeth ont à peine le temps de s'asseoir que déjà Tobias et le commissaire Boirillon viennent à leur rencontre.
Tout le monde est très heureux de se revoir. François *embrasse* Elisabeth et Mathilde tombe dans les bras de Tobias. Il devient rouge comme une tomate et elle lui donne un baiser sur la joue.
Le commissaire s'absente un instant pour passer un *coup de fil* urgent. Il veut tout de suite prévenir les Perrier que les jeunes sont *sains et saufs* et qu'il va les ramener chez eux. Monsieur et Madame Perrier remercient vivement le commissaire pour son appel et téléphonent tout de suite aux Naumann pour leur donner la bonne nouvelle.

«Faites attention avec ce jeune homme, Mademoiselle, dit le commissaire en s'adressant à Mathilde, il est fragile! Mais il est tard maintenant et je vous conseille d'aller tous vous coucher. Rendez-vous demain matin dans mon bureau pour tirer toute cette affaire au clair. On vous laisse terminer vos boissons et puis on va vous ramener chez vous: Monsieur et Madame Perrier vous attendent avec impatience.»

Übung 49: Welche Übersetzung stimmt?
Kreuze die richtige Lösung an!

ÜBUNG 49 !

1. Elle lui *fait une bise* sur la joue.
   a) ☐ Sie gibt ihm eine Ohrfeige.
   b) ☐ Sie gibt ihm einen Kuss auf den Mund.
   a) ☐ Sie gibt ihm einen Kuss auf die Wange.

2. Il tire l'affaire au clair.
   a) ☐ Er lässt die Sache sein.
   b) ☐ Er lässt die Affaire auffliegen.
   c) ☐ Er deckt die Sache auf.

3. Il s'absente un instant.
   a) ☐ Er verschwindet einen Augenblick.
   b) ☐ Er denkt einen Augenblick nach.
   c) ☐ Er entschuldigt sich für den Vorfall

4. Tout le monde est très heureux.
   a) ☐ Alle auf der Welt sind überglücklich.
   b) ☐ Alle sind überglücklich.
   c) ☐ Die ganze Welt ist überglücklich.

5. Ils ont à peine le temps de s'asseoir.
   a) ☐ Sie haben keine Zeit, um sich hinzusetzen
   b) ☐ Sie haben kaum Zeit, um sich hinzusetzen.
   c) ☐ Sie haben nie Zeit, um sich hinzusetzen.

6. Il passe un *coup de fil* urgent.
   a) ☐ Es passierte eine schreckliche Sache.
   b) ☐ Er tätigt einen dringenden Anruf.
   c) ☐ Er hat einen wichtigen Anruf verpasst.

7. François *est sain et sauf.*
   a) ☐ François ist bei bester Gesundheit.
   b) ☐ François ist in Sicherheit.
   c) ☐ François ist wohlauf.

Les enfants terminent donc tranquillement leurs merveilleux cocktails sans alcool et posent quelques questions au commissaire sur les *mesures* prises par la police pour *capturer* les deux *ravisseurs*.
Le commissaire leur répond que toutes les routes de la région sont surveillées. Elisabeth lui pose une question sur le vol d'œuvres d'art. Elle aimerait savoir pourquoi on vole des tableaux célèbres. L'inspecteur lui répond qu'il y a des collectionneurs sans scrupules qui achètent des œuvres d'art au marché noir. Il parle aussi des *réseaux* de *faussaires* et explique que c'est un crime qui peut rapporter des millions. Picasso est l'un des peintres les plus chers du monde. En vendant un faux Picasso, on peut donc gagner des millions d'Euros.
Personne ne remarque qu'il y a derrière eux un monsieur à grosses lunettes et *chemise hawaïenne* qui écoute leur conversation avec un grand intérêt et une certaine nervosité en faisant semblant de faire

des mots croisés. Tout à coup son *portable* sonne. Il s'éloigne très vite pour que personne ne puisse entendre sa conversation téléphonique.

Übung 50: Sind die folgenden Aussagen richtig?
Markiere mit richtig ✔ oder falsch –!

ÜBUNG 50 !

1. Monsieur Boirillon est boulanger. ☐
2. Tobias arrive tout *mouillé* à la police. ☐
3. Les bandits tirent sur les policiers. ☐
4. Elisabeth est blessée. ☐
5. Mathilde donne un bisou à Tobias. ☐
6. Il faut que les jeunes aillent tout de suite au commissariat. ☐
7. Toutes les routes de la région sont surveillées. ☐

Le lendemain matin, ils se retrouvent tous dans le bureau du commissaire Boirillon qui a une bonne nouvelle à leur annoncer. Lucien et Robert ont été *interceptés* à une *station-essence* de l'autoroute du soleil. Ils sont donc mis en prison et vont être jugés. Les jeunes ont confirmé l'identité des *faussaires* grâce à plusieurs photos que le commissaire leur a montrée.
Il faut dire que les indices sont *accablants*: leur voiture était une Renault Espace verte de Paris et était remplie de matériel de peinture et d'informations sur Picasso.
Les jeunes sont un peu excités par tant d'événements et commencent tous à parler en même temps.
«Silence! leur dit le commissaire. Je veux que vous me racontiez cette histoire dès le début. Je donne la parole à Mathilde.»
Mathilde commence à raconter son histoire. Elle parle tout d'abord de la petite tache rouge sur son tableau préféré, puis de la

disparition de Monsieur Jacques, de la mystérieuse livraison de Pascal Santini et finalement de la découverte de la bande de *faussaires* dans la maisonnette abandonnée.

«Très intéressant, affirme le commissaire, comment sais-tu qu'il s'agit d'une bande de faussaires?

– Je suis sûre et certaine que le tableau qui a une tache rouge est un faux. Pourquoi est-ce que quelqu'un irait peindre une copie d'un tableau de Picasso pendant la nuit dans une maisonnette abandonnée? ajoute Elisabeth.

ÜBUNG 51 !

Übung 51: Im folgenden Textabschnitt sind sechs Wörter falsch geschrieben. Findest du sie alle?

– Tu as tout à fait rayson, Mathilde, lui répond le commissaire. Je viens de faire analiser ce tableau, ainsi que tous les autres Picasso du musé, par un expert. Ce sont tous des faux.

Nos faussères ont bien prévu leur coup. Ils ont profité de la coupure de courant, qu'ils ont eux-mêmes provoquée, pour retirer tous les tableaux de la donation Picasso et les rimplacer par des faux.

Antibes n'était sûrement que le début d'une opération plus *vaste*. Nous pensons qu'ils voulaient faire la même chose dans d'autres musées. On vient d'ailleurs de découvrir un faux Picasso dans un musée de Lyon. Malheureusement, nous ne savons pas du tout où se trouve l'original.

– *Quoi*, vous n'avez pas encore retrouvé les originaux? demande François, stupéfait.

– Pas encore. Il doit y avoir une troisième personne pour faire *évacuer* les originaux, conclut le commissaire avec une certaine inquiétude.

Übung 52: In diesem Gitternetz sind fünf Wörter versteckt, die den dritten Ganoven beschreiben. Findest du sie alle?

W	E	T	U	L	G	L	J
S	G	K	E	T	R	U	A
R	A	J	O	H	O	N	F
B	I	R	Y	T	S	E	I
M	E	C	H	A	N	T	S
P	U	S	H	O	R	T	S
A	D	F	Z	E	P	E	E
F	J	O	V	S	C	S	O
T	R	M	A	I	O	S	N

____

____

____

– C’est sûrement Monsieur Jacques, crie soudain Elisabeth.
– Qu’est-ce que tu dis, petite? lui demande le commissaire.
– Tais-toi, Elisabeth, lui souffle Mathilde.
– Mais qu’est-ce que ce cher Monsieur Jacques viendrait faire dans cette histoire? insiste le commissaire.
– Hé ben, … euh, je ne sais pas. Mais il est parti et il a beaucoup de factures sur son bureau, *balbultie* Elisabeth.
– Je vois que vous êtes très bien informés. Vous formez une belle équipe de détectives! Mathilde, je peux te rassurer. Monsieur

Jacques est de retour. Nous l'avons aussi suspecté au début mais nous savons maintenant qu'il était parti d'urgence à Paris pour une question d'*héritage* familial. Mme Goujon a beaucoup de travail en ce moment à cause de l'organisation de l'année Picasso et comme il ne pouvait en aucun cas *prendre un congé*, il a décidé de dire qu'il était malade.»

Mathilde pousse un grand soupir de *soulagement*.

«Mais nous ne savons toujours pas où se trouvent les originaux. Les deux hommes que nous *avons interceptés* hier refusent de parler et en attendant les tableaux sont peut-être déjà en Amérique.

– Amérique, Amérique, ça me rappelle quelque chose, dit Elisabeth en réfléchissant.

! ÜBUNG 53

Übung 53: Übersetze!

1. USA ______________________
2. Deutschland ______________________
3. Frankreich ______________________
4. Russland ______________________
5. Schweiz ______________________
6. Belgien ______________________

– Oui, ce milliardaire américain qui est allé voir Mme Goujon et qui devait quitter la France si rapidement, ajoute Tobias.

– Vous parlez de Monsieur Pennymaker, le grand collectionneur d'œuvres de Picasso, dit le commissaire. Que viendrait-il faire dans cette affaire?

– Mais c'est évident, répond François, il veut encore plus de tableaux, même ceux qu'il ne peut pas acheter parce qu'ils ne sont pas à vendre: les tableaux de Picasso qui sont dans les musées!
– Oh, vous regardez trop la télé, déclare le commissaire.
– Oui, mais s'il a raison, Monsieur Pennymaker est peut-être déjà dans un avion avec des originaux de Picasso dans ses bagages, dit Mathilde.

Übung 54: Setze die folgenden Wörter an die richtige Stelle im Text!
(visite, numéro, téléphoner, combiné, chambre, dire)

– Bon d'accord. Je vais 1. _______________ à l'hôtel Majestic-Roc et demander des nouvelles de Monsieur Pennymaker.»

Le commissaire prend le 2. _______________ du téléphone et compose le 3. _______________ de l'hôtel.

«Allô, André. Comment vas-tu, depuis hier soir? … Oui, oui, ça va. Dis-moi, pourrais-tu me 4. _______________ quel est le numéro de 5. _______________ de Monsieur Pennymaker? Je voudrais bien lui rendre une petite 6. _______________ … Comment? … Il vient de partir à l'instant? … Il avait l'air très pressé. … *Quoi*! Il a un jet privé à l'aéro-club d'Antibes. Je te remercie. … Tu nous a beaucoup aidés. Au revoir.»

! ÜBUNG 54

Il raccroche le téléphone, *bondit* de sa chaise et sort de son bureau. Il se dirige vers un groupe de policiers: «J'ai besoin de deux voi-

tures, tout de suite! Jean-Yves, David et René, vous venez avec moi. Direction: l'aéro-club!
Bertrand, appelle l'aéro-club et dis-leur de ne laisser en aucun cas *décoller* un avion pour Boston. Dis-leur que c'est un ordre officiel! Et vous les jeunes, qu'est-ce que vous faites là? Allez hop, vous venez avec nous. Après tout, c'est vous qui nous avez mis sur la bonne piste.»

! ÜBUNG 55

Übung 55: Ordne den passenden zweiten Teil jedes Wortes zu! Trage die richtige Nummer in das Kästchen ein!

1. aéro-	☐ phone
2. télé-	☐ de poche
3. agent	☐ main
4. lampe	☐ daire
5. milliar-	☐ port
6. lende-	☐ de police

En arrivant à l'aéroport, le jet privé de Monsieur Pennymaker refuse de respecter l'*interdiction de décollage*. Les moteurs de son jet se mettent à *accélérer*. Le commissaire Boirillon voit rouge. Il roule à toute vitesse vers l'avion et met sa voiture en travers de la *piste de décollage*. Heureusement que les enfants suivent dans une autre voiture pour des raisons de sécurité. Le jet privé ne peut donc pas *décoller* et le pilote est arrêté par l'équipe du commissaire Boirillon.

Un *périmètre de sécurité* est installé autour du jet. On ignore encore s'il y a des personnes armées dans l'avion. Afin de les protéger, les enfants sont tenus à distance. L'avion est inspecté par la police. Pendant ce temps, Mathilde et Tobias descendent discrètement de la voiture et partent à la découverte de l'aéro-club. Ils *pénètrent* dans un *hangar* contenant de petits avions à la forme inhabituelle. Tobias reconnaît tout de suite plusieurs modèles de *planeurs*, des machines qu'il rêve d'essayer depuis longtemps déjà. Fou de simulation de vol sur ordinateur, il n'en croit pas ses yeux. Il commence à rêver. Chaque *engin* est pour lui le symbole d'une possible *évasion*. Il oublie un instant ce qui les a fait venir ici et prend la main de Mathilde: «Viens voir ce modèle extraordinaire», dit-il en lui montrant un *planeur*.

Übung 56: Setze den richtigen bestimmten Artikel ein!

Il ne *résiste* pas à la tentation de monter dans 1. _____ *appareil* et entraîne Mathilde. Les voilà tous les deux assis dans 2. _____ cockpit. Tobias se met à lui expliquer 3. _____ lois de 4. _____ aérodynamique. Tout à coup, un fou rire les prend et Mathilde se jette à son cou et l'*embrasse*. Longtemps, elle garde les yeux fermés. Elle les rouvre lentement et revient à 5. _____ réalité.

«Oh, ce n'est pas vrai! dit-elle.
– Non, Mathilde. Excuse-moi! Je ne voulais pas …, répond Tobias, l'air inquiet.
– *Quoi*? demande Mathilde un peu troublée. Mais non, Tobias. Je ne parlais pas de toi … Regarde là, juste devant nous, il y a un type qui se cache derrière le *planeur* bleu. Tu le vois? Il essaie d'*enfiler* un *bleu de travail*. C'est bien …
– Mais c'est Pennymaker!» *chuchote* Tobias.
Devant eux, il y a en effet un gros monsieur en *chemise hawaïenne*

qui essaie de rentrer dans un *bleu de travail* trop petit pour lui. Il a enlevé ses grosses lunettes et s'est déjà *barbouillé* le visage avec du *cambouis* mais il n'y a pas de doutes: c'est bien Monsieur Pennymaker qui veut échapper à la police en *se faisant passer pour* un mécanicien.

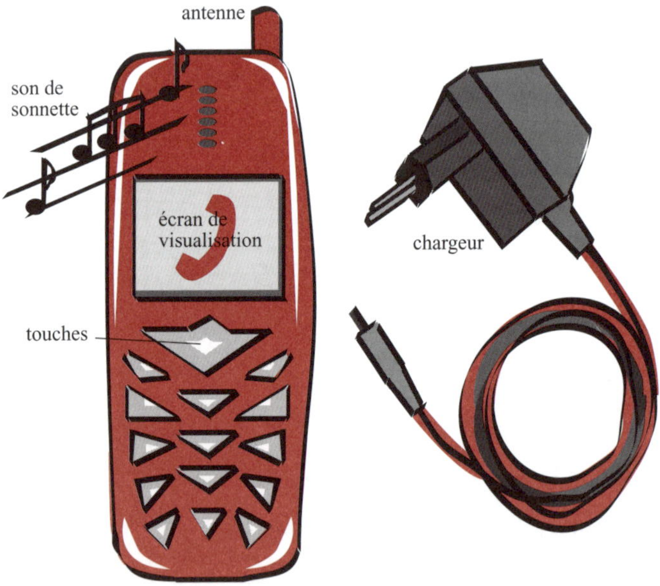

«Qu'est-ce qu'on fait? Il veut échapper à la police. Il faut absolument aller voir le commissaire pour le prévenir.»
Tobias est nerveux et veut tout de suite sortir du cockpit. Mathilde lui dit: «Arrête! Si Pennymaker nous voit il s'enfuira tout de suite.
– Hmm, tu as raison, lui répond Tobias. J'ai une idée! Tu as ton *portable* sur toi? Tu pourrais essayer de joindre le commissaire.
– Bonne idée!» répond Mathilde avec un sourire. Elle sort son *por-*

table de son petit sac à dos et le branche. Mais voilà que son visage devient sérieux: «Oh, non! Ma carte téléphonique est à vide! J'ai oublié de la *recharger*. Maintenant, je peux seulement recevoir des appels. Tobias, il faut que tu sortes d'ici sans être vu pour aller prévenir le commissaire Boirillon. Moi, je vais suivre Pennymaker de loin. Quand tu auras rejoint le commissaire, vous m'appellerez sur mon *portable* et je vous dirais exactement où il se trouve. Je vais baisser la sonnerie et activer le *vibreur*.

– O.K., répond Tobias en voulant tout de suite sortir du cockpit.

– Attends, lui dit Mathilde. Tu ne sais même pas quel est le numéro de mon *portable*!

– Tu as raison. Ecris-le vite sur un bout de papier, s'il te plaît.

– Tu as un stylo?

– Non, répond Tobias.

– *Zut!* Moi, non plus! Tu va devoir l'apprendre par cœur.

– Apprendre par cœur des chiffres en français? Je ne vais pas y arriver!

– Il faut vraiment que tu mémorises ce numéro! Nous n'avons pas de temps à perdre. Ecoute bien: c'est le zéro, quatre-vingt-dix-huit, soixante-seize, cinquante-quatre, trente-deux.

– Zéro, quatre-vingt-dix-huit, soixante-six, cinquante-quatre, trente-deux, répète Tobias.

– Non, c'est le zéro, quatre-vingt-dix-huit, soixante-**seize**, cinquante-quatre, trente-deux! Tu vas y arriver. J'en suis sûre. Oh, dépêche-toi! Regarde! Il *se faufile* entre les machines. »

Tobias descend vite du *planeur* et sort du *hangar* en allant dans la direction opposée à celle de Pennymaker.

Enfin dehors, il se met à courir comme un fou vers le périmètre de sécurité autour de l'avion. Il sait que le commissaire Boirillon se trouve près du jet de Pennymaker et il a raison puisqu'il le voit déjà de loin. Le commissaire est *entouré de* quelques agents de police et est en train de téléphoner avec son *portable* pendant que d'autres agents inspectent le jet du millionnaire américain.

«Commissaire, Commissaire, crie-t-il de très loin en faisant de grands gestes avec les bras. Attention! Pennymaker! Pennymaker veut s'échapper!

– Mais qu'est-ce que ce jeune est en train de crier?» se demande Boirillon. Puis il se tourne vers un agent qui est à coté de lui et lui demande:

«Dites-moi, Bertrand, vous avez compris ce que Tobias vient de nous crier?

– Je n'ai pas très bien compris. Quelque chose avec un moteur. ‹Il y a un moteur.›

– Un moteur?

– J'ai sûrement mal compris. Ça n'a pas de sens. De toute façon, il vient vers nous et pourra tout nous expliquer.»

ÜBUNG 57 !

Übung 57: Hier sind die Verben durcheinandergeraten. Finde heraus, an welche Stelle sie tatsächlich gehören!

Tobias continue de (1. comprend) __________ vers le commissaire et les agents. Le commissaire le regarde (2. crie) __________ avec un regard sérieux. Il (3. courir) __________ soudain que Tobias (4. venir) __________ le nom de Pennymaker. «Pennymaker! Il a vu Pennymaker! Allons le voir!»

Le commissaire quitte le périmètre de sécurité et (5. demande) __________ vers Tobias.

«Tobias! Où est Pennymaker? Tu l'as vu? lui (6. se dirige) __________ l'inspecteur après l'avoir rejoint.

– Nous l'avons vu dans un des *hangars*. Mathilde est en train de le suivre. Elle a son *portable* et nous pouvons la joindre pour savoir où il se trouve maintenant.
– Comment? Mathilde poursuit Pennymaker! Mais vous ne savez pas que c'est dangereux? Bon, viens Tobias! Tu vas monter dans la voiture et tu vas nous montrer où vous avez vu Pennymaker.»
Un des agents arrive avec la voiture. Le commissaire ouvre la portière et Tobias prend place sur la banquette arrière.
«Il s'était caché dans le *hangar* des *planeurs*. Il s'est même déguisé en mécanicien. Et puis, il a disparu. Il faut appeler Mathilde. Elle le suit et sait donc où il se cache. Son numéro est le zéro, quatre-vingt-dix-huit, soixante-seize, euh … cinquante-quatre et … oh, je ne sais plus la fin du numéro!
– Du calme, Tobias. Concentre-toi, c'est important, lui dit le commissaire.
– Zéro, quatre-vingt-dix-huit, soixante-seize, cinquante-quatre … trente-deux! murmure Tobias, puis à haute voix: oui, c'est ça! C'est le zéro, quatre-vingt-dix-huit, soixante-seize, cinquante-quatre, trente-deux! C'est bien son numéro.»
L'inspecteur Boirillon compose le numéro avec son *portable*. Il sonne une seule fois. Mathilde répond tout de suite.
«Allô, Commissaire. C'est bien vous?
– Oui, oui, Mathilde. Dis-moi où est passé Pennymaker! … Comment? Tu es sûre? O.K., on arrive tout de suite.»
Le commissaire raccroche et dit à son collaborateur: «Bertrand *accélère*. Direction: le *hangar* B, porte 3. Pennymaker essaie de s'enfuir avec une vieille Citroën grise qui appartient à l'aéro-club.»
Puis, il branche la *radio* pour informer tous les services de police de la région:

«Avis à toutes les unités. Pennymaker est en fuite! Je répète: Pennymaker est en fuite! Il conduit une Citroën grise de l'aéro-club d'Antibes. Bloquez la nationale 32. Il ne pourra pas aller très loin.»

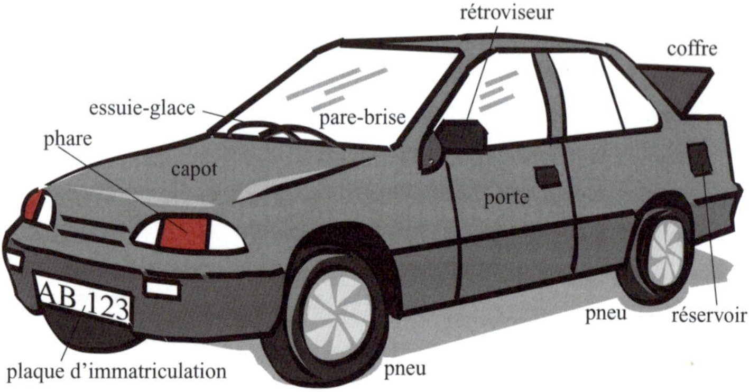

Pennymaker n'a même pas le temps de sortir du parking de l'aéro-club que déjà la police l'a encerclé. Il comprend qu'il est *cerné* et qu'il n'y a plus d'*issue*. Il se rend aux mains de la police.
Le millionnaire américain avait vu arriver les voitures de police et avait décidé de sortir de son jet à la dernière minute tout en donnant l'ordre de *décoller* à son pilote. Et *pour cause*! Les agents responsables de l'inspection de son avion privé ont fait une étonnante découverte: celui-ci était rempli de vraies *toiles* de Picasso *issues de* diverses collections publiques!

Au moment où les agents de police lui mettent les *menottes,* Pennymaker a un sourire *railleur*.
«Ces tableaux ne sont pas destinés au public. Ils n'appartiennent qu'à moi. Personne d'autre que moi ne devrait pouvoir les *contempler*, crie-t-il avant de monter dans une voiture de la police.

– Mais il est complètement fou, ce type! s'exclame François.
– Imaginez qu'il soit vraiment parti avec les originaux!» dit Elisabeth, très fâchée.
Tout à coup, ils entendent une voix derrière eux: «Félicitations les amis, vous avez sauvé les Picasso! Et cela, la *veille de* la fête d'ouverture de l'année Picasso! Mes compliments, Mathilde!».

Übung 58 : In jedem Satz steht ein Wort an der falschen Stelle. Verschiebe es mit einem Pfeil an die richtige Stelle!

ÜBUNG 58 !

1. La police retrouve de vrais Picasso dans ses beaucoup bagages.
2. Il est fou complètement.
3. Les jeunes ont les Picasso sauvé.
4. Dis-leur de ne laisser en cas *décoller* l'avion aucun!
5. Il explique ce qui s'est passé de monter dans la voiture de avant la police.

«Mais maintenant vous allez tout de même profiter de vos vacances. Je vous invite tous à manger une grande coupe de glace! Vous connaissez le meilleur glacier de la ville?»
Les quatre se regardent et éclatent de rire. Ils ont déjà mangé beaucoup de glaces en surveillant le magasin de Pascal Santini mais elles sont si délicieuses qu'ils acceptent l'invitation du commissaire avec plaisir.
A la terrasse du glacier, le serveur leur apporte les meilleures spécialités de la maison: de superbes glaces décorées avec des fruits, des biscuits et des chapeaux de papier.
«Woooaaw! Bravo!» s'exclament les adolescents en applaudissant le serveur. Le commissaire est ravi de leur *enthousiasme*, il sourit en les regardant savourer leurs glaces.

Übung 59: Setze die richtige Präposition ein!
(pour, grâce à, de, vers, par, sans)

«Vous nous avez vraiment beaucoup aidés. 1. _______ vous, nous n'aurions pas arrêté les coupables aussi vite. 2. _______ vous, nous avons pu récupérer des œuvres inestimables et sauver la réalisation 3. _______ l'année Picasso. Vous imaginez le scandale si la presse se rendait compte que nos tableaux étaient des faux? Ce serait une très mauvaise publicité 4. _______ la région! Le commissaire se tourne 5. _______ Mathilde:

Mathilde, tu as vraiment le sens de l'observation. La tache rouge qui t'as intriguée est tout petite! C'est d'ailleurs la seule erreur *commise* 6. _______ le *faussaire*.

Tous nos experts sont d'accord pour dire que tous les faux tableaux du Musée d'Antibes sont d'excellentes copies. Il est difficile de les *distinguer* des vrais tableaux.
– Oh, vous savez, Monsieur le Commissaire, c'est Monsieur Jacques qui m'a appris à regarder les tableaux et qui m'a tout raconté sur Picasso. C'est plutôt lui qu'il faudrait remercier, dit Mathilde.
– C'est bien ce que je pense faire, répond le commissaire en souriant. Puis, il prend un air sérieux et dit: Les enfants, j'ai une chose importante à vous annoncer.
Vous êtes tous les invités d'honneur de la fête d'ouverture de demain! Le comité d'organisation de l'année Picasso est déjà informé et tout le monde est d'accord!
– Super, génial!» répondent-ils en chœur.

Le lendemain, Antibes est en fête. La cour du Musée d'Antibes est décorée avec des fleurs et des *banderoles*. Une reproduction d'un tableau de Picasso sert de décor.
Il y a un grand public. Monsieur et Madame Perrier sont présents. Des hommes politiques et des responsables locaux montent sur la scène pour prononcer des *discours*. Heureusement, il y a aussi de la musique et même des danseuses de flamenco!

Übung 60: Übersetze die Wörter und enträtsele das Lösungswort!

1. Jahr ☐ _ _ _ _
2. wichtig _ ☐ _ _ _ _ _ _ _
3. Herr _ ☐ _ _ _ _ _ _
4. Rede _ _ _ _ _ ☐ _ _
5. stolz _ _ _ ☐

Lösung: _ _ _ _ _

Les quatre jeunes sont assis au premier rang et applaudissent. Monsieur Jacques est assis à coté d'eux. Il a mis son plus beau costume et est très fier de Mathilde. Le commissaire Boirillon profite d'une petite pause pendant le spectacle de danse pour venir remercier Monsieur Jacques personnellement.
«Monsieur, je vous remercie beaucoup d'avoir transmis votre passion de la peinture à Mathilde! Cela nous a été très utile! Vous nous avez rendu un très grand service!»
Madame Goujon qui a déjà fait son *discours d'ouverture* vient aussi remercier Monsieur Jacques. Puis elle se tourne vers les jeunes:
«Merci mille fois de votre courage et de votre intuition! J'ai une

surprise pour vous: le comité d'organisation de l'année Picasso et la ville d'Antibes vous invitent à passer une semaine à Paris. Le directeur du Musée Picasso de Paris vous recevra personnellement!
– Paris, la ville-lumière! s'exclame Monsieur Jacques.
– Chez nous, on dit ‹die Stadt der Liebe›, dit Elisabeth en souriant, c'est-à-dire ‹la ville de l'amour›!
Les regards de Mathilde et Tobias se croisent et les deux deviennent tout rouges.
– Paris, nous voilà, continue François avec un grand geste, l'aventure continue!»

FIN

Abschlusstest

Übung 1: Welches Wort ist das „schwarze Schaf"?

1. crime, police, plage, bandit
2. soleil, professeur, mer, vacances
3. cheval, robe, manteau, pantalon
4. salle à manger, parterre, cuisine, salle de bain
5. tableau, peinture, artiste, inspecteur
6. *héritage*, piste de danse, *enceinte*, *tourne-disque*
7. *flic*, *fric*, police, agent
8. poisson, oiseau, *poison*, papillon

Übung 2: In diesem Gitternetz sind acht Kleidungsstücke versteckt. Findest du sie alle? (Achtung: Ein Wort ist rückwärts geschrieben!)

L	O	E	R	T	H	S	W	U
S	C	U	L	O	T	T	E	A
C	H	A	U	S	S	U	R	E
T	E	U	S	Y	X	H	O	T
K	M	P	R	A	G	L	B	N
B	I	K	I	N	I	U	E	A
O	S	F	L	K	L	O	A	M
V	E	S	T	E	E	C	V	N
Q	I	T	Z	K	T	F	G	H

Übung 3: Wähle das passende Wort für jeden Satz aus und unterstreiche es!

1. Madame Fernand vend les meilleures/mieux moules.
2. Tobias descend la *falaise* en/dans quinze minutes.
3. Salut! On nous/se rencontre demain.
4. Mathilde est aussi grande comme/que son amie.
5. On peut le faire lui-/soi-même.
6. Tobias apprend le français depuis/il y a trois ans.
7. Nos parents viennent à Antibes pendant/depuis trois ans.
8. Elisabeth est toujours la premier/première.
9. Monsieur Jacques vit avec son/sa chat.

Übung 4: Ordne die Buchstaben zu einem sinnvollen Wort!

1. Mathilde et Tobias sont devenus (mias) ______________.
2. Le lendemain, ils vont au (useme) ______________.
3. Elisabeth danse comme une (lofle) ______________.
4. François fait du (furs) ______________.
5. Il va à la discothèque avec ses (paincos) ______________.

6. Qui a (lové) ____________ les tableaux?

7. Le tableau avec la tache rouge est une (pioce) ____________.

Übung 5: Übersetze die Wörter und trage sie in das Kreuzworträtsel ein!

HORIZONTAL	VERTIKAL
1. verdächtigen	1. retten
2. klauen	2. Vater
3. Zahl, Nummer	3. Ecke
4. Schrei	4. Blick
5 Fels	5. Licht

Übung 6: In diesen Sätzen werden „Faux Amis" verwendet. Finde das Wort heraus, das in diesem Zusammenhang richtig wäre, und trage die entsprechende Nummer in das Kästchen ein!

1. Accroche ton manteau au **garde-robe**.	☐ rez-de-chaussée
2. Pascal Santini vit au **parterre** de l'immeuble.	☐ gaie
3. La voiture s'est **abruptement** arrêtée.	☐ porte-manteau
4. Mathilde est une fille très **fidèle**.	☐ brusquement

Übung 7: Vervollständige die Gegensätze!

1. gentil	m _ c h _ _ _
2. adulte	_ _ f _ _ t
3. ciel	_ _ r _ _
4. noir	_ _ _ _ c
5. jour	_ u _ _
6. gauche	_ _ _ i _ _
7. innocent	c _ _ _ a b _ _
8. gros	_ a i _ _ _
9. copie	_ _ _ g _ _ a l
10. vivant	_ o _ _

Übung 8: Ordne den Ziffern im Bild die richtigen französischen Begriffe zu!

(épaule, cou, dos, genou, pied, coude, poignet, cheville, hauche, planche)

Übung 9: Setze die richtige Präposition ein!

1. Elisabeth continue __________ nager.

2. Mathilde a commencé __________ lire un livre.

3. Tobias se met __________ descendre la *falaise*.

4. Il a peur _________ perdre son équilibre.

5. François est fier _______ lui.

6. Le commissaire Boirillon remercie les jeunes ________ leur aide.

7. Il les invite __________ manger une glace.

Übung 10: Finde das passende Synonym und trage die richtige Nummer in das Kästchen ein!

1. excuser	☐ *boîte*
2. coup d'œil	☐ caverne
3. forêt	☐ tableau
4. grotte	☐ bois
5. discothèque	☐ adolescents
6. *toile*	☐ pardonner
7. jeunes	☐ regard

Übung 11: Setze den richtigen Artikel ein!

1. Tobias regarde _____ vitrine des magasins de souvenir.

2. François porte _____ chemise et _____ jean.

3. Robert a _____ *yeux de travers* et _____ nez de boxeur.

4. _____ jeunes courent le plus vite possible.

5. Il y a _____ *grillage* au fond du chemin.

6. _____ poche *se déchire*.

7. _____ *falaise* descend *à pic*.

8. Pendant _____ instant, Tobias pense rêver.

9. _____ vagues se brisent sur _____ rochers.

10. ____ voiture traverse ____ carrefour.

Übung 12: Welche Aussage stimmt? Markiere mit richtig ✔ oder falsch –!

1. François est allemand. ☐
2. Mathilde joue au football. ☐
3. Tobias aime les *planeurs*. ☐
4. Elisabeth va au musée avec Mathilde. ☐
5. Robert est un homme sympatique. ☐
6. Lucien a des cheveux blonds. ☐
7. Le commissaire est un homme d'une soixantaine d'années. ☐
8. Madame Goujon est très occupée. ☐
9. Monsieur Pennymaker est logé à l'auberge de jeunesse. ☐
10. Monsieur Jacques reçoit un *héritage*. ☐

Übung 13: Setze die Verben in Klammern in der richtigen Form ein!

1. Madame Goujon et le maire de la ville (organiser)

_______________ une grande manifestation culturelle.

2. Il (falloir) _______________ attendre.

3. Mathilde et Elisabeth (se cacher) _______________.

4. Tobias (descendre) _______________ la *falaise*.

5. Robert (conduire) _______________ la voiture.

6. Lucien (peindre) _______________ les tableaux.

7. Le chat (sortir) _______________ de la maison.

8. François (courir) _____________ à l'hôtel.

9. Mathilde (s'assoir) _____________.

10. Les jeunes (rendre visite) ________________________________ à Monsieur Jacques.

Übung 14: Vervollständige die Gegensätze!

1. extérieur	_ _ _ _ _ i e u r
2. mourir	_ _ î t _ e
3. sortir	e n _ _ _ _
4. pluie	_ o l _ _ _
5. proche	l _ _ _
6. bon marché	c h _ _
7. descendre	_ on _ _ r
8. arriver	p _ _ t _ _
9. interdit	_ e _ _ _ s

Übung 15: Setze das richtige Relativpronomen ein!
(qui, que, qu', dont)

1. J'ai acheté le livre __________ tu m'as parlé.
2. C'est l'acteur __________ a joué dans le dernier James Bond.
3. Tobias a mangé la pomme __________ Mathilde lui a donnée.
4. Robert et Lucien *capturent* les jeunes __________ ont espionnés la maisonnette.
5. Le poisson __________ nous avons mangé était délicieux.
6. Le restaurant __________ j'ai oublié le nom se trouve dans la rue Victor-Hugo.
7. Pascal Santini copie toujours un motif ______________________ existe déjà.

Übung 16: Welche Übersetzung stimmt? Kreuze die richtige Antwort an!

1. *gamin*
   a) ☐ Dummkopf
   b) ☐ Kind
   c) ☐ Vieh

2. *planeur*
   a) ☐ Dampfwalze
   b) ☐ Airbus
   c) ☐ Segelflugzeug

3. *cicatrice*
   a) ☐ Narbe
   b) ☐ Leberfleck
   c) ☐ Schramme

4. *yeux de travers*
   a) ☐ große Augen
   b) ☐ Stielaugen
   c) ☐ schielende Augen

5. *vaste*
   a) ☐ vage
   b) ☐ großflächig
   c) ☐ zerstörerisch

Übung 17: Übersetze die Wörter und enträtsele das Lösungswort!

1. Pflaster ☐ _ _ _ _ _ _ _ _
2. Versteck _ _ _ _ ☐ _ _ _
3. Haus _ _ ☐ _ _ _
4. Verdacht _ _ _ _ _ _ ☐
5. Ausstellung _ _ _ _ _ _ ☐ _ _ _
6. rot _ _ ☐ _ _
7. bräunen _ ☐ _ _ _ _ _
8. Motorroller _ _ _ _ _ ☐ _

Lösungswort: _ _ _ _ _ _ _ _

Übung 18: In diesem Gitternetz sind sieben Obstsorten versteckt. Findest du sie alle?

H	I	B	M	J	A	P
P	L	X	F	S	U	O
A	V	T	R	G	C	I
B	A	N	A	N	E	R
R	E	U	I	M	R	E
I	R	D	S	Q	I	N
C	H	K	E	Z	S	A
O	P	O	M	M	E	U
T	M	E	L	O	N	S

Übung 19: Welches Wort ist das „schwarze Schaf"?

1. plage, mer, table, sable, coquillage
2. glace, pain, gâteau, chocolat, bonbons
3. valise, sac, coffre, sac à dos, sac à main
4. ordinateur, écran, clavier, souris, chat
5. tête, bras, pieds, lunettes, dos
6. Paris, France, Allemagne, Suisse, Belgique
7. fenêtre, rue, porte, toit, cheminée
8. fourchette, cuillère, couteau, tasse, petite cuillère
9. matin, midi, journée, soir, après-midi
10. couleur, bleu, rouge, jaune, vert

Übung 20: Wie lauten die Sätze richtig? Trage sie mit Satzzeichen und richtiger Groß- und Kleinschreibung ein!

1. fille une est elisabeth dynamique ne reste qui tranquille jamais

____

____

2. mathilde vont voir aller picasso l'exposition et tobias

____

3. veut monsieur pennymaker la police à échapper

____

4. leur serveur le apporte la maison de les meilleures spécialités

____

____

5. copies d'excellentes tous du musée d'antibes faux les tableaux sont

____

____

6. rang applaudissent sont les quatre assis jeunes premier au et

____

____

Lösungen

Übung 1: 1. falsch 2. richtig 3. falsch 4. falsch 5. richtig 6. richtig
Übung 2: 1. maillot de bain 2. crème solaire 3. facteur de protection 4. kiosque à journaux 5. *planche à voile* 6. masque de plongée 7. lunettes de soleil 8. tâches de rousseur 9. plongée sous-marine 10. magasin de souvenirs 11. tableau d'affichage
Übung 3: 1. midi 2. avion 3. vacances 4. plage 5. mer 6. parents Lösungswort: danger
Übung 4: 1. est 2. *enfile* 3. descend 4. dit 5. voir 6. reposer 7. étend 8. *s'allonge*
Übung 5: noir, orange, gris, bleu, rouge

N	A	C	S	U
R	**O**	**U**	**G**	**E**
G	**R**	**I**	**S**	B
E	**A**	**B**	**R**	O
D	**N**	**L**	T	K
P	**G**	**E**	S	W
I	**E**	**U**	V	Z

Übung 6: 1. quelle 2. parents 3. as 4. as 5. Est-ce qu' 6. aimes 7. viens
Übung 7: 1. après-midi 2. dicothèque 3. jupe 4. yeux 5. miroir 6. armoire
Übung 8: 1. France 2. moules 3. colline 4. chateau 5. tableaux 6. demain

Übung 9:

Übung 10: 1. b 2. c 3. c 4. b 5. b 6. c 7. b

Übung 11: 1. rose 2. chaise 3. ouvre-bouteille 4. professeur 5. plafond 6. oursin

Übung 12: 1. Mathilde voit des chèvres qui dansent et une *bergère*. 2. D'habitude, Monsieur Jacques raconte des histoires à Mathilde. 3. C'est la directrice du Musée Picasso. 4. Monsieur Jacques ne travaille pas aujourd'hui parce qu'il est malade. 5. Mme Goujon organise l'année Picasso.

Übung 13: 1. rend visite 2. venir nous voir 3. vais voir 4. visiter 5. aller voir

Übung 14: 1. musée 2. fenêtre 3. cuisine 4. problème 5. argent 6. cœur 7. silence Lösungswort: meurtre

Übung 15: 1. b 2. c 3. a 4. c 5. b 6. a
Übung 16: 1. professeur 2. dessin 3. tableaux 4. classiques 5. comme 6. exemple
Übung 17:

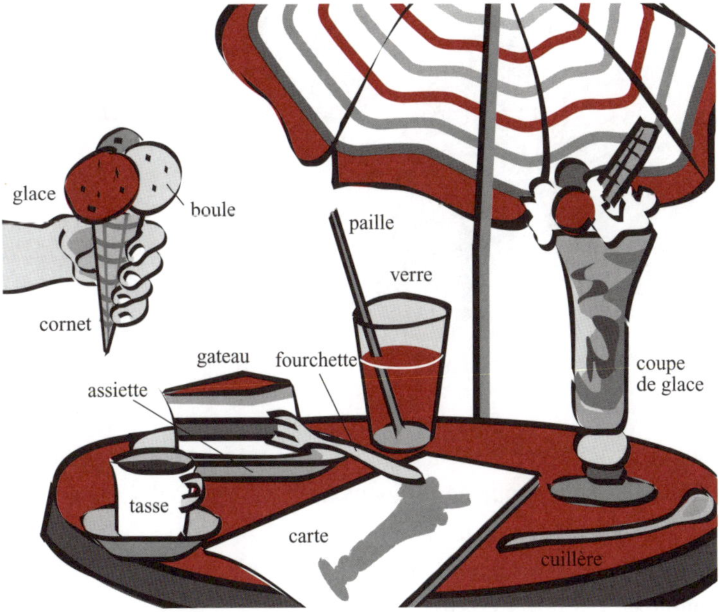

Übung 18: 1. 4:45 2. 12:30 3. 19:15 4. 10:35 5. 24:00 6. 1:32 7. 2:45 8. 15:55
Übung 19: siehe Illustration auf S. 114
Übung 20: 1. à 2. où 3. de 4. pour 5. avec 6. derrière 7. qu'
Übung 21: 1. Il y a une tache rouge sur le tableau. 2. Mathilde et Tobias suivent le peintre. 3. Pascal Santini peint de grands tableaux. 4. Mais il n'en vend pas un seul. 5. Filou, le chat de Monsieur Jacques, a faim.
Übung 22: 1. sa valise 2. pas du tout 3. le lycée 4. un comprimé 5. l'étagère

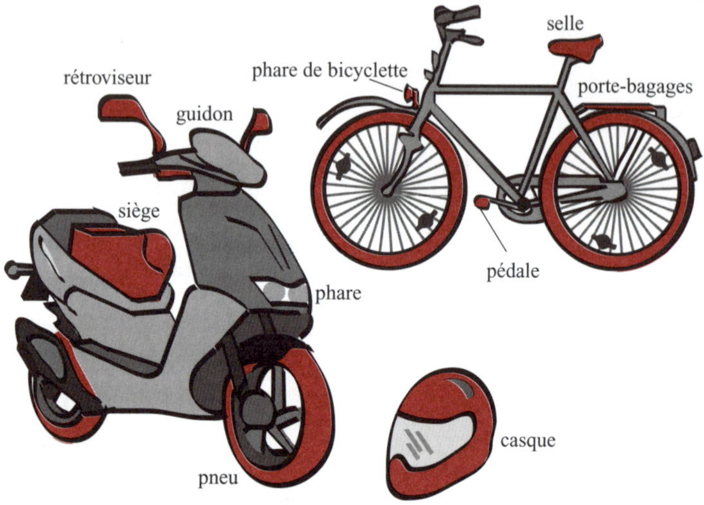

Übung 23: 1. jeunes 2. porte 3. parents 4. petit 5. chemin 6. verte
Übung 24: 1. beaucoup de 2. beaucoup 3. beaucoup d' 4. très 5. beaucoup 6. beaucoup 7. très
Übung 25: 1. d' 2. en 3. par 4. avec 5. à 6. avant 7. par 8. derrière 9. sur
Übung 26: 1. b 2. b 3. c 4. b 5. b
Übung 27: 1. Monsieur Jacques se lève tôt le matin. 2. Elisabeth mange une grande glace. 3. Ils vont au supermarché pour acheter des cerises. 4. J'aime bien quand tu joues de la guitare. 5. Il fait de la natation. 6. Il mange des cerises.
Übung 28: 1. un 2. une 3. un 4. un 5. un 6. un
Übung 29: 1. vingt 2. cinquante-cinq 3. cent 4. soixante-seize 5. quatre-vingt-dix-neuf 6. cent trente-deux
Übung 30: 1. veux 2. es 3. va 4. s'exclame 5. ai 6. dis 7. peut 8. faut 9. veux 10. t'inquiète 11. sera
Übung 31: 1. des 2. d' 3. d' 4. de 5. de 6. des

Übung 32: 1. voiture 2. carrefour 3. hôtel 4. côte 5. essayer
Übung 33: 1. lentement 2. petit 3. haut 4. premier 5. rire 6. proche 7. tard
Übung 34:

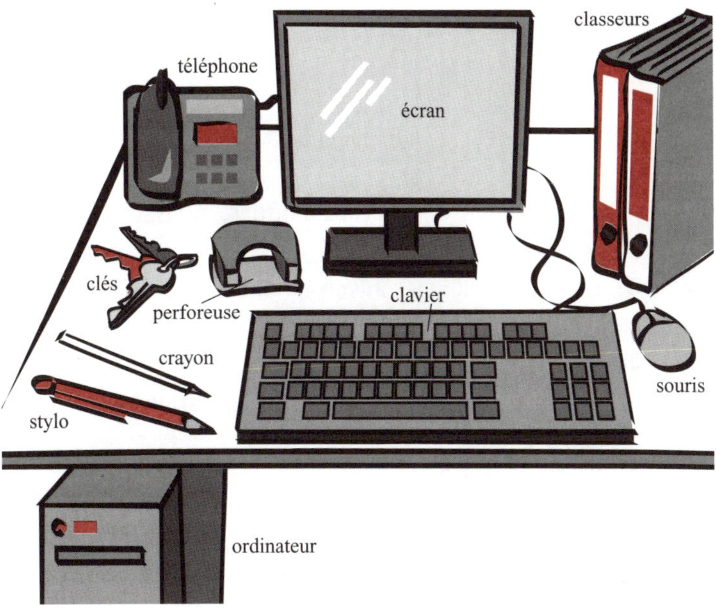

Übung 35: 1. s'ouvre 2. apparaît 3. Asseyez 4. avez 5. sont 6. discuter 7. a beaucoup aimé 8. seront présents
Übung 36: 1. histoire 2. homme 3. soeur 4. amis 5. bande 6. impression 7. commissaire
Übung 37: 1. argent 2. mer 3. lait 4. glace 5. savoir
Übung 38: 1. rouge 2. jolie 3. fraîche 4. extrême 5. dernière 6. verte 7. sérieux
Übung 39: 1. Elisabeth dit qu'elle a peur. 2. Le commissaire Boirillon demande où sont les *faussaires*. 3. Robert remarque qu'il faut se

débarrasser des jeunes. 4. Claude demande ce qu'ils vont faire. 5. Tobias dit qu'il doivent le croire. 6. Elisabeth se demande qui peut les aider. 7. Le commissaire demande combien de personnes ils ont vues entout.

Übung 40: 1. la salle à manger 2. une robe de chambre 3. un ouvre-boîte 4. un appareil-photo 5. un tire-bouchon 6. un gratte-ciel, 7. un porte-manteau 8. un pinceau 9. une règle

Übung 41: 1. la 2. la 3. la 4. la 5. les 6. l'

Übung 42: 1. l'intérieur 2. adolescents 3. longs 4. blond 5. sœur 6. maisonnette

Übung 43: 1. élastique 2. larme 3. alerte 4. *ravisseur* 5. traces 6. appel 7. répéter 8. par radio

Übung 44: 1. falsch 2. richtig 3. falsch 4. richtig 5. richtig 6. falsch

Übung 45: 1. maisonnette 2. fillette 3. clochette 4. tablette 5. boulette

Übung 46: 1. qui 2. qu' 3. dont 4. qui 5. dont 6. que

Übung 47: 1. assassiner 2. vite 3. lieu 4. gentil 5. arbuste 6. automobile 7. étrange 8. glace

Übung 48: 1. c 2. a 3. b 4. a 5. b 6. a

Übung 49: 1. c 2. c 3. a 4. b 5. b 6. b 7. c

Übung 50: 1. falsch 2. richtig 3. falsch 4. falsch 5. richtig 6. falsch 7. richtig

Übung 51: 1. raison 2. analyser 3. musée 4. *faussaire* 5. *coupure* 6. remplacer

Übung 52: gros, lunettes, riche, méchant, short (Gitternetz siehe Seite 117)

Übung 53: 1. les États-Unis 2. l'Allemagne 3. la France 4. la Russie 5. la Suisse 6. la Belgique

Übung 54: 1. téléphoner 2. combiné 3. numéro 4. dire 5. chambre 6. visite

Übung 55: 1. aéroport 2. téléphone 3. agent de police 4. lampe de poche 5. milliardaire 6. lendemain

Übung 52: gros, lunettes, riche, méchant, short

W	E	T	U	L	**G**	**L**	J
S	G	K	E	T	**R**	**U**	O
R	A	J	O	H	**O**	**N**	F
B	**I**	R	Y	T	**S**	**E**	I
M	**E**	**C**	**H**	**A**	**N**	**T**	S
P	U	**S**	**H**	**O**	**R**	**T**	S
A	D	F	Z	**E**	P	**E**	E
F	J	O	V	S	C	**S**	U
T	R	M	A	I	O	S	N

Übung 56: 1. l' 2. le 3. les 4. l' 5. la
Übung 57: 1. courir 2. venir 3. comprend 4. crie 5. se dirige 6. demande
Übung 58: 1. La police retrouve beaucoup de vrais Picasso dans ses bagages. 2. Il est complètement fou. 3. Les jeunes ont sauvé les Picasso. 4. Dis-leur de ne laisser en aucun cas *décoller* l'avion! 5. Il explique ce qui c'est passé avant de monter dans la voiture de la police.
Übung 59: 1. Sans 2. Grâce à 3. de 4. pour 5. vers 6. par
Übung 60: 1. année 2. important 3. monsieur 4. *discours* 5. fier
Lösungswort: amour

Lösungen Abschlusstest

Übung 1: 1. plage 2. professeur 3. cheval 4. parterre 5. inspecteur 6. *héritage* 7. *fric* 8. poison

Übung 2: culotte, chaussure, manteau, robe, gilet, chemise, bikini, veste

L	O	E	R	T	H	S	W	**U**
S	**C**	**U**	**L**	**O**	**T**	**T**	**E**	**A**
C	**H**	**A**	**U**	**S**	**S**	**U**	**R**	**E**
T	**E**	U	S	Y	X	H	**O**	**T**
K	**M**	P	P	U	**G**	L	**B**	**N**
B	**I**	**K**	**I**	**N**	**I**	U	**E**	**A**
O	**S**	F	L	K	**L**	O	A	**M**
V	**E**	**S**	**T**	**E**	**E**	C	V	N
Q	I	T	Z	K	**T**	F	G	H

Übung 3: 1. meilleures 2. en 3. se 4. que 5. soi 6. depuis 7. depuis 8. première 9. son

Übung 4: 1. amis 2. musée 3. folle 4. surf 5. copains 6. volé 7. copie

Übung 5: HORIZONTAL: 1. *soupçonner* 2. voler 3. numéro 4. cri 5. rocher, VERTIKAL: 1. sauver 2. père 3. coin 4. regard 5. lumière

Übung 6: 1. porte-manteau 2. rez-de-chaussée 3. brusquement 4. gaie

Übung 7: 1. méchant 2. enfant 3. terre 4. blanc 5. nuit 6. droite 7. coupable 8. maigre 9. original 10. mort

Übung 8:

Übung 9: 1. à/de 2. à 3. à 4. de 5. de 6. de/pour 7. à

Übung 10: 1. pardonner 2. regard 3. bois 4. caverne 5. *boîte* 6. tableau 7. adolescents

Übung 11: 1. la 2. une, un 3. les, un 4. les 5. un 6. la 7. la 8. un 9. les, les 10. la, le

Übung 12: 1. falsch 2. falsch 3. richtig 4. falsch 5. falsch 6. richtig 7. richtig 8. richtig 9. falsch 10. richtig

Übung 13: 1. organisent 2. faut 3. se cachent 4. descend 5. conduit 6. peint 7. sort 8. court 9. s'assoit 10. rendent visite

Übung 14: 1. intérieur 2. naître 3. entrer 4. soleil 5. loin 6. cher 7. monter 8. partir 9. permis

Übung 15: 1.dont 2. qui 3. que 4. qui 5.que 6. dont 7. qui

Übung 16: 1. b 2. c 3. a 4. c 5 b

Übung 17: 1. pansement 2. cachette 3. maison 4. soupçon 5. exposition 6. rouge 7. bronzer 8. scooter Lösungswort: peinture
Übung 18: abricot, fraise, cerise, poire, banane, pomme, melon

H	I	B	M	J	A	**P**
P	L	X	**F**	S	U	**O**
A	V	T	**R**	G	**C**	**I**
B	**A**	**N**	**A**	**N**	**E**	**R**
R	E	U	**I**	M	**R**	**E**
I	R	D	**S**	Q	**I**	N
C	H	K	**E**	Z	**S**	A
O	**P**	**O**	**M**	**M**	**E**	U
T	**M**	**E**	**L**	**O**	**N**	S

Übung 19: 1. table 2. pain 3. coffre 4. chat 5. lunettes 6. Paris 7. rue 8. tasse 9. journée 10. couleur
Übung 20: 1. Elisabeth est une fille dynamique qui ne reste jamais tranquille. 2. Mathilde et Tobias vont aller voir l'exposition Picasso. 3. Monsieur Pennymaker veut échapper à la police. 4. Le serveur leur apporte les meilleures spécialités de la maison. 5. Tous les faux tableaux du Musée d'Antibes sont d'excellentes copies. 6. Les quatre jeunes sont assis au premier rang et applaudissent.

Glossar

Abkürzungen im Glossar

f	Femininum
fam	umgangssprachlich
m	Maskulinum
pl	Plural
vulg	vulgär

à bout de souffle	außer Atem
à l'allure sportive	sportliche Erscheinung
Allez, viens!	Los, komm!
à pic	steil, schroff
à rayures	mit Streifen
accablant	erdrückend
accélérer	beschleunigen
affolé	in Panik *fam*
agrafes *f pl*	Heftklammern
allonger, s'	sich hinlegen
anxieusement	ängstlich
appareil *m*	hier: Maschine
appui *m*	Halt
appuyer, s'	sich festhalten
aquarelle *f*	Aquarell
armoire *f* à glace *fam*	Schrank *fam*
arracher	ausreißen, abreißen
assassiner	umbringen
baignade *f*	Baden
baillonner	knebeln
balbutier	stammeln, stottern
banderoles *f pl*	Fähnchen
barbouiller	vollschmieren *fam*
beaucoup de minutie	Genauigkeit

bergère *f*	Hirtin
bibelot *m*	Krimskrams
bled *m fam*	Nest *fam*
bleu *m* de travail	Blaumann, Arbeitsoverall
boîte *f fam*	hier: Disko *fam;* Schachtel, Dose
bondir	aufspringen
break *m*	Kombi
briser contre, se	gegen … branden
bronzer	bräunen
brute *f fam*	Brutalo *fam*
cachette *f*	Versteck
café-glacier *m*	Eisdiele
cambouis *m*	Schmieröl
capturer	gefangennehmen
cerner	umzingeln
chaleureux	herzlich
chemise *f* à carreaux	kariertes Hemd
chemise *f* hawaïenne	Hawaihemd
choucroute *f*	Sauerkraut
chuchoter	flüstern
cicatrice *f*	Narbe
cigale *f*	Grille
clochette *f*	Glöckchen
cogner	stoßen
coincer	einklemmen
colosse *m*	Koloss
combler	auffüllen
Comment ça? *fam*	Wieso?, Warum?
commettre	(Fehler) begehen
commis → commettre	begangen
comptoir *m*	Theke
consigne *f*	Anweisung
contempler	betrachten
contredire, se	widersprechen, sich
convoquer	bestellen, kommen lassen

cool *fam*	cool *fam*
coup *m* de fil	Anruf
coupure *f* (de courant électrique)	Stromausfall
court-circuit *m*	Kurzschluss
cri de guerre *m*	Kampfgeschrei
croquis *m*	Skizze
daurade *f*	Dorade (Fisch)
débarrasser	hier: auspacken
débarrasser, se	loswerden
débattre, se	um sich schlagen
débrancher	ausschalten
décoller	starten, abheben
défiguré	verunstaltet
démarrer	anlassen
démener, se	sich wehren
désinfecter	desinfizieren
dettes *f pl*	Schulden
discours *m* (d'ouverture)	Eröffnungsrede
distinctement	deutlich
distinguer	erkennen
distinguer de	unterscheiden von
donner le mal de, se	sich die Mühe machen
draguer *fam*	Mädchen anbaggern *fam*
du moins	zumindest
éblouir	blenden
écarter	zur Seite schieben
éclair *m*	Blitz
éclairé	erhellt
écuelle *f*	Futternapf
efforcer, s'	sich bemühen
effrayé	erschrocken
élastique *m* (à cheveux)	Haargummi
embouteillage *m*	Stau
embrasser (, s')	(sich) küssen

en cuir	aus Leder
enceinte *f*	Lautsprecher
encre *f* de chine	Tusche
enfiler	anziehen
engin *m*	Maschine
enlacer autour de, s'	sich schlingen um
enlèvement *m*	Entführung
enneigé	schneebedeckt
ensommeillé	verschlafen
enthousiasme *m*	Begeisterung
entouré de	umgeben von, inmitten von
épine *f*	Stachel
escapade *f*	Eskapade
escroc *m*	Gauner
espèce *f* d'imbécile *fam*	Blödmann *fam*
éteindre	ausmachen, ausschalten
éteint → éteindre	aus(geschaltet), gelöscht
être sain et sauf	wohlauf sein
être sur la bonne voie	auf der richtigen Spur sein
évacuer	auslagern
évasion *f*	Flucht
faire la bise *fam*	küssen
faire passer pour, se	sich als … ausgeben
faire repérer, se	sich verraten
falaise *f*	Felswand
faufiler, se	sich durchschlängeln
faussaire *m*	Fälscher
ficeler	verschnüren
ficher le camp *fam*	verschwinden, verduften *fam*
flic *m fam*	Polizist
flotter	hängen
fric *m fam*	Geld, Kohle *fam*
fusain *m*	Kohlezeichnung
gamin *m fam*	Kind
gants *m* en caoutchouc	Gummihandschuhe

gémir	ächzen, stöhnen
gosse *f fam*	Göre *fam*
gouache *f*	Gouache
gouffre *m*	Abgrund
gratter, se	sich kratzen
grelottant	zitternd
grillage *m*	Maschendrahtzaun
guichet *m*	Schalter
hanche *f*	Hüfte
hangar *m*	Flugzeughalle
hébété	dumpf
héritage *m*	Erbe
hôte *m*	Gast
ignare *m*	Banause
incrédule	ungläubig, skeptisch
indicatif *m*	Vorwahl(nummer)
insupportable	unerträglich
intercepter	festnehmen
interdiction *f* de décollage	Startverbot
intervenir	hier: sich einschalten
issu de	stammend aus
issue *f*	Ausweg
jardin *m* potager	Obst- und Gemüsegarten
jeter un coup d'œil sur	einen Blick werfen auf
jubilé	fünfzigjähriges Jubiläum
lâcher	äußern
ligoter	fesseln
logiciel *m*	Software
look *m*	Look
lustre *m* en cristal	Kronleuchter
marchand *m* de glace	Eisverkäufer
marée *f* (haute)	Flut
mec *m fam*	Kerl *fam*
méfiant	misstrauisch
menottes *f*	Handschellen

mesure *f*	Maßnahme
meuf *f fam*	Mädchen
meurtre *m*	Mord
meurtrier *m*	Mörder
mince	dünn
moment *m* fort	bleibender Eindruck
morveux *m fam*	Rotznase *fam*
mouillé	nass
nageur-sauveteur *m*	Rettungsschwimmer
nana *f fam*	Mädchen
objet *m* récupéré	Gebrauchsobjekt
orangeade *f*	Orangenlimonade
orner	schmücken
ouais *fam*	ja, mh *fam*
pansement *m*	Pflaster
paralyser	hier: lahm legen
parfum *m pl*	hier: Eissorte
paroi *f* rocheuse	Felswand
passionnant	faszinierend
pédaler	Rad fahren, radeln *fam*
peinture *f* à l'huile	Ölmalerei
pénétrer	hineingehen
perçant	durchdringend
périmètre *m* de sécurité	Sicherheitszone
piège *m*	Falle
pile *f* de factures	ein Haufen Rechnungen
plaie *f*	Wunde
planche *f* (à voile)	Surfbrett
planeur *m*	Segelflugzeug
plaque *f* (d'immatriculation)	Nummernschild
plier les bagages	zusammenpacken
plongée *f* sous-marine	Tauchen
plongeon *m*	Kopfsprung
poignet *m*	Handgelenk
point *m* de côté	Seitenstechen

poison *m*	Gift
pollueur *m*	Umweltverschmutzer
pommes de terre *f pl* sautées	Bratkartoffeln
portable *m*	Handy
portier *m*	Türsteher
pouffer de rire	losprusten *fam*
pour cause	aus gutem Grund
précaution *f*	Vorsicht f
prendre un congé	Urlaub nehmen
quoi *fam*	was *fam*
radieux	strahlend
radio *f*	Funk
railleur	zynisch
ramollir	weich werden
ramper	kriechen, robben
rapt *m*	Entführung
ravisseur *m*	Entführer
rayer	streichen
recharger	aufladen
récif *m*	Riff
regarder de travers	schief anschauen *fam*
répliquer	erwidern
réseau *m*	Netz
resserrer	sich enger zuziehen
résister	widerstehen
rideau *m*	Vorhang
rire comme une hystérique	hysterisch lachen
roman *m* policier	Krimi
rouge à lèvres *m*	Lippenstift
roux	rothaarig
sagacité *f*	Scharfsinn
salopard *m vulg*	Dreckskerl *fam*
scooter *m*	Motorroller
secouer	schütteln
semer la panique	Panik auslösen

serrer la main	die Hand schütteln
siège *m* arrière	Rücksitz
sirènes *f pl*	Sirenen
sortir en boîte *fam*	in die Disko gehen
soulagement *m*	Erleichterung
soupçon *m*	Verdacht
soupçonner	verdächtigen
station-essence *f*	Tankstelle
super *fam*	hier: total *fam*, sehr; klasse *fam*
sur la pointe des pieds	auf Zehenspitzen
sur le pas de la porte	vor der Haustür
tâches *f pl* de rousseur	Sommersprossen
tapissé de soie	mit Seide ausgekleidet
tatouage *m*	Tätowierung
taureau *m*	Stier
tenue *f* de soirée	Abendkleid
Tiens! *fam*	Sieh mal einer an! *fam*
tisonnier *m*	Schüreisen
tissu *m*	Bezug, Stoff
toile *f*	Gemälde, Leinwand
tomber dans les pommes *fam*	ohnmächtig werden
touffe *f* d'herbe	Grasbüschel
trébucher	stolpern
trembler	zittern
trempé	nass
truc *m fam*	Ding; Trick
vaste	breit, großflächig
veille *f* de	Tag/Abend vor
vibreur *m*	Vibrationsalarm
yeux *m pl* de biche	Rehaugen
yeux *m pl* de travers	Silberblick, schielen
Zut! *fam*	Verdammt! *fam*